대한민국이 한 번도 경험하지 못한
가장 강력한 주식 시장이 온다

◇ 당신은 언제나 옳습니다. 그대의 삶을 응원합니다. – 라의눈출판그룹

대한민국이 한 번도 경험하지 못한
가장 강력한 주식 시장이 온다

초판 1쇄 | 2021년 5월 17일
    2쇄 | 2021년 5월 20일

지은이 | 홍성학
펴낸이 | 설응도
편집주간 | 안은주
영업책임 | 민경업
디자인 | 박성진

펴낸곳 | 라의눈

출판등록 | 2014년 1월 13일(제2019-000228호)
주소 | 서울시 강남구 테헤란로78길 14-12(대치동) 동영빌딩 4층
전화 | 02-466-1283   팩스 | 02-466-1301

문의(e-mail)
편집 | editor@eyeofra.co.kr
영업마케팅 | marketing@eyeofra.co.kr
경영지원 | management@eyeofra.co.kr

ISBN 979-11-88726-80-6 13320

대한민국이 한 번도 경험하지 못한

가장 강력한
주식 시장이
온다

홍성학 지음

라의눈

추천사

대우증권 1위, 홍성학의 저력!

홍성국 | 더불어민주당 의원, 전 대우증권 사장

아끼는 후배 홍성학 대표가 30여 년의 주식쟁이 경험을 녹인 첫 저서를 낸다는 소식을 듣고 무척 기뻤다. 스물셋 젊은 나이에 대우증권 올림픽지점에 첫 출근한 홍 대표는 그냥 탁구선수였다. 그때까지 운동만 했던 사람이다.

알다시피 일반 회사에서 운동선수 출신이 환영을 받기는 어렵다. 특히 증권사에서 주식을 전혀 모르는 덩치 큰 탁구선수는 당장 쓸모가 없었다. 아무도 반기지 않는 사무실에서 홍 대표는 적잖이 당황하고 갈피를 잡기 힘들었을 것이다.

홍 대표는 독서광이었다. 대우경제연구소에서 나오는 보고서들을 비롯해 닥치는 대로 주식 책과 사회과학 서적까지 읽으며 지식을 쌓았다. 결국 방대한 독서와 남다른 노력으로 홍 대표는 입사한 지 얼마 되지 않아 대우증권에서 영업 1위의 반열에 올랐다. 드라마틱한 일이 아닐 수 없다.

홍 대표가 대우증권을 퇴사한다고 했을 때 많이 말렸다. 대우증권에 꼭 필요한 인재일 뿐 아니라 제도권 내에서 충분히 일가를 이룰 인물이었기 때문이다. 퇴사 뒤 한동안 소원했지만, 언제나 나는 홍 대표의 '성국이 형'이었다.

이 책에는 홍 대표가 제도권과 재야에서 30년 넘게 주식쟁이로 살며 자신의 모든 것을 기울여 완성한 주식 매매의 철학과 노하우가 담겨 있다. 주식시장을 꿰뚫어 보는 식견과 안목도 책 곳곳에 번득인다.

어느새 세월이 흘러 나는 증권계를 떠나 정치인이 됐지만, 지금도 젊은 시절 홍 대표와 같이 술잔을 기울이며 주식시장을 얘기하던 대우증권 올림픽지점 시절이 그립다. 순수하고 우직한 청년 '홍성학'이 주식이란 한 길만 걸어 일궈낸 결실을 많은 투자자들이 엿보는 기회를 가졌으면 한다. 주식 장인의 숨결을 느낄 수 있는 시간이 될 것이다.

탁월한 순발력과 전략

현정화 | 마사회 탁구 감독, 대한탁구협회 부회장, 올림픽 금메달리스트

성학이는 탁구 동기다. 오래전, 탁구계를 떠나 증권사에서 선두를 달린다는 얘기를 듣고 깜짝 놀랐던 기억이 난다. 탁구만 했던 친구인데 증권맨으로 성공했다고 하니 뿌듯하고 자부심도 느꼈었다.

난 지금도 마사회 탁구단을 이끌고 선수들을 조련하느라 여념이 없다. 많은 분들이 나를 서울 올림픽에서 양영자 선배와 복식 금메달을 딴 '탁구의 여왕'으로 기억하고 있지만, 지도자가 된 지 꽤 오래다.

내가 지도자의 길을 걷고 있는 동안 성학이는 주식 한 길만 걸었다. 탁구 선후배들의 모임에서 성학이는 독특한 존재다. 주식과 경제 전반에 대해 박학다식한 성학이는 운동선수라기보다는 학자나 교수 쪽에 가까운 느낌이다.

탁구는 찰나를 다투는 스피디한 게임이다. 주식에 대해 잘 모르지만, 주식 매매 역시 분초를 다투는 것이라 알고 있다. 성학이가 주식쟁이로 일가를 이룬 데는 아마도 탁구선수의 순발력과 스피드가 도움이 됐을 것 같다.

하지만, 운동도 단순한 기교만으로는 성공할 수 없다. 시합을 대비해 정교한 훈련 계획하에 일관되고 꾸준한 연습을 하고, 목표를 하나씩 달성해내는 지구력, 끈기가 필수다. 성학이가 자신만의 주식 매매 프로그램을 개발한 것은 이런 운동선수의 근성, 지구력이 뒷받침되지 않았나 싶다.

언제나 성실했고 노력파였던 성학이가 주식쟁이 30년 경험과 철학을 담아 펴낸 책이다. 책 속에 성학이의 굵은 땀방울이 스며 있는 듯하다. 1등 증권맨의 전략을 맛보고 싶은 분들이라면 꼭 읽기를 권한다.

주식 매매의 정통파

김택수 | 대한탁구협회 전무, 올림픽 메달리스트

성학이와 함께 운동하던 때가 엊그제 같다. 성학이는 평발에다 무릎 부상이 잦았지만 뭐든 열심히 하는 친구였다. 그러다 보니 주변에 챙겨주는 선배도, 믿고 따르는 후배도 많았다. 나는 탁구 외길을 걸어 왔지만, 성학이는 안타깝게도 탁구를 계속하지 못했다. 청소년 상비군으로 뽑힐 정도로 실력을 인정받았지만 대우증권 실업팀을 끝으로 생소한 증권회사 객장으로 떠났다.

가는 길은 달라졌지만, 우리는 영원한 탁구 동기다. 성학이가 탁구를 떠난 뒤에도 연락하며 우정을 쌓아왔다. 지금도 가끔 만나 술잔을 기울인다.

나는 지금 탁구협회 전무로 탁구 행정을 하고 있다. 1990년대 최고 정통파로 이름을 날렸고, 강한 드라이브는 세계 최고로 평가받기도 했다. 요즘 성학이의 유튜브 주식 방송을 가끔 보는데 성학이가 주식 매매의 정통파가 아닐까란 생각이 든다. 기본에 충실하면서 기교 부리지 않고 누구나 알기 쉽게 설명하는 것 같아서다.

탁구로 보낸 세월의 세 배를 주식쟁이로 살아온 그의 첫 책이다. 성학이의 경험이 녹아 있는 글에서 '증권맨 홍성학'의 삶과 성취를 느낄 수 있었다.

아울러 재테크의 주요 수단인 주식 매매와 시장, 투자 심리의 본질을 생각해볼 수 있는 점도 유익했다. 많은 투자자들이 이 책을 숙독하며 '주식쟁이 홍성학'의 노하우를 맛보았으면 한다.

추세 추종 매매의 교과서

윤강훈 | SJ투자파트너스 대표, 벤처캐피탈협회 부회장, 공인회계사

투자업계에서 일하면서 많은 펀드 매니저와 트레이더들을 만났다. 제도권이든 비제도권이든 30년 넘게 주식시장에서 살아남아 성공적으로 매매를 하고 있는 현역 트레이더는 손으로 꼽는다.

몇 안 되는 고수 중의 하나가 바로 홍성학 대표다. 대우증권, 한화증권 시절 증권가 고수로 제도권에서 이름을 날린 이가 홍 대표다.

천문학적인 횟수의 매매를 경험한 홍 대표는 10여 년 전 자신만의 매매 철학과 노하우를 집대성한 매매 프로그램을 완성하기에 이른다. 이후 UPM으로 명명한 이 추세 추종 매매로 홍 대표는 경이로운 수익률을 기록하며 '은둔의 고수'로 불리고 있다.

이 책은 추세 추종 매매의 기본 원리를 맛볼 수 있는 입문서 격이다. 추세 추종의 실전매매 사례들은 매우 흥미진진하다.

책의 많은 부분은 홍 대표가 지난해와 올해 쓴 시황 분석들과 경제방송 출연 내용을 모아 정리한 것이다. 당시 시장 상황에서 어떻게 전략적 사고를 하며, 시장에 대응하고 매매를 해왔는지 잘 보여주는 기록들이다.

특히, 투자자들의 심리와 시장의 반응 등을 분석한 대목들을 보면 흔히 저지르는 잘못된 주식 매매가 무엇이고, 이를 고치기 위해 무엇을 해야 하는지를 잘 알 수 있다. 많은 투자자들이 이 책의 내용을 자기 것으로 만든다면 주식 매매 실력이 향상되는 것은 물론 한국 투자업계 역시 한 단계 업그레이드될 수 있을 것이다.

주식시장을 꿰뚫는 남다른 혜안

이규진 | 서울경제TV 보도본부장

일전에 주식투자 전도사로 불리는 존 리 메리츠자산운용 대표가 출연한 유튜브 영상을 본 적이 있다. 코스피지수가 3,000포인트를 넘어설 것을 알았느냐고 사회자가 묻자, 존 리 대표는 세상에 그걸 알았던 사람은 없었을 것이라고 대답했다.

그때 떠오른 사람이 홍성학 대표다. 홍 대표는 지난해 봄 서울경제TV 증권 전문가로 잠시 활동할 때 알게 된 동갑나기다.

지난해 3월 코로나 사태로 주식시장이 곤두박질친 직후 홍 대표는 코스피지수가 3,000을 갈 것이라고 단언했다. 그 기록들은 그가 쓴 '홍성학의 장중일기' 시황과 서울경제TV, 매일경제TV 방송에 고스란히 남아 있다.

물론 홍 대표의 말대로 주식시장은 예측이 아니라 대응의 영역이다. 하지만 3,000포인트를 예견했던 일화는 '주식쟁이' 홍 대표의 경험과 통찰의 단면을 보여준다.

내가 아는 주식쟁이 홍성학은 인사이트만 뛰어난 사람이 아니다. 주식시장에서 30년 이상을 살아남으며 자신만의 추세 추종 매매를 완성한 독창적이고 창의적인 사람이다. 만약 그가 수학을 전공했다면 훌륭한 수학자가 되지 않았을까 싶다.

그는 하루 18시간 주식시장을 좇는다. 그의 책상 위 대형 모니터 8대가 알려주는 수많은 데이터들을 읽으며 돈과 주식시장, 한국과 글로벌 경제의 흐름을 감지하고 분석하고 판단한다. 지독한 노력파인 것이다.

그런 그가 자신의 분신과도 같은 추세 추종 실전 매매 소개와 더불어 주식 시장의 본질을 알려주는 첫 저서를 냈다. 책장을 펼치면, 주식 매매에서 실패하는 수많은 사람들에게 잘못된 습관을 고치라고 자상하게 알려주는 홍 대표의 목소리가 들리는 듯하다.

주식시장을 꿰뚫는 남다른 혜안을 담고 있는 책이다. 주식투자의 기본과 원칙을 가다듬어보는 시간이 되었으면 하는 바람에서 감히 일독을 권한다.

차 례

Chapter 01
대한민국 역사상 가장 강력한 시장이 온다

Chapter 02
당신이 속고 있는 시장의 거짓말들

Chapter 03

대다수 바보들이 사는 곳, 주식시장

Chapter 04
싸움의 기술, 고가매수 저가매도

Chapter 05
폭락을 대하는 자세, 돌려줄 때 올라타라

Chapter 06

시장은 언제나 옳다

머리말

주식시장은 수많은 사람들의 애환이 깃든 곳이다. 투자 수익의 짜릿함과 희열, 끝 모를 주가 하락의 절망감이 곳곳에 배어 있고, 우리가 알지 못하는 수면 아래에서는 그 어떤 일들이 펼쳐지고 있는지 일반 개인투자자들은 가히 짐작하기도 힘들다.

시장 참여자들 중 약 95%의 투자자들이 크고 작은 손실을 보며 다시는 발을 들여 놓지 않겠다고 다짐하면서도 끝내 떠나지 못하는 곳이 주식시장이다. 교과서적인 표현으로 주식시장은 '자본주의의 꽃'이며, 기업의 자금 조달 원천이고, 기업의 성장과 가치를 검증받고 성장할 수 있게 해주는 토대이다. 한편으로는 미국 라스베이거스나 마카오의 카지노들처럼 합법적인 도박판으로 생각될 수도 있다.

부동산 투기꾼이란 용어는 언론에 가끔 나오지만, 주식시장의 개인 투자자들을 주식 투기꾼이라 지칭하는 언론은 거의 없다. 그러나 실제 부동산 투기꾼과 주식투자자 중 누가 더 투자 대상에 대해 면밀히 조사하고 신중하게 접근할까? 쉽게 투기꾼이라 매도되는 부동산 투자자들이 오히려 더 신중하고 더 과학적으로 접근한다는 생각이 든다.

어찌 보면 합법적인 도박판이자 건전한 경제 활동의 중심지가 바로 주식 시장일 것이다. 이곳은 성공보다 실패의 확률이 월등히 높음에도 불구하고 지금 이 시간에도 누군가가 시장으로 쉽게 유입되고 있다. 일명 동학개미, 서학개미로 포장된 채로 말이다.

1989년 12월 증권회사에 입사해 '주식쟁이'로 살아온 지 31년이 흘렀다. 초등학교 4학년 때 탁구를 시작해 11년을 운동선수로 살아온 내가 주식쟁이가 될 줄은 꿈에도 몰랐다. 운동선수에서 퇴출된 스물셋 젊은 나이에 사무실 심부름을 하고, 전광판을 고치는 사무 보조 역할로 증권사 생활을 시작했다.

하루하루 막막하던 상황이었지만, 운동에 바친 시간만큼, 즉 10년만 주식을 해보고 안 되면 다른 일을 찾아야겠다고 결심했다. 당시 같은 지점에 근무했던 홍성국 형님(전 대우증권 사장, 현 국회의원)은 나에게 많은 가르침을 주신 고마운 은인이자 멘토다. 특히 "네가 없으면 불편해지도록 만들어라"라는 말대로 나는 지점에서 온갖 궂은 일을 도맡아 했다.

당시 대우경제연구소는 꽤 좋은 자료들을 풍성하게 발간하고 있었다. 하지만 자료와 데이터보다는 풍문과 큰손에 좌지우지되던 시절이었기에, 증권사 직원들조차 그 좋은 자료를 잘 보지 않았다. 홍성국 형님은 기본을 중시했고, 나 또한 운동선수 출신인지라 기본기의 중요성을 잘 알고 있었다. 더욱이 주식에 대해 아는 것이 거의 없었기에 더 알고 싶었는지도 모르겠다.

주식시장이 어떻게 생겨먹었고 어떻게 움직이는지에 대한 궁금증과 호기

심은 시간이 갈수록 커졌다. 앞에서 언급한 대우경제연구소에서 나오는 자료들을 모조리 읽었다. 읽어도 이해가 잘 되지 않았지만 그저 읽고 또 읽었다.

동시에 차트로 매매하던 같은 지점의 윤청민 대리를 통해 차트의 존재를 알게 되었다. 직접 모눈종이에 차트들을 그려보고 숫자를 기입하면서 하나씩 익혔다. 데이터의 중요성을 알아가던 차에 본사 상품개발부에서 일하다 지점으로 발령받은 이삼규 형에게 스프레드시트 프로그램의 원조인 로터스 123을 배울 수 있었다. 그때 배운 것들이 지금 내가 하고 있는 데이터 작업의 근간이 되었다. 그러나 여전히 알 수 없는 것이 주식이고 기업이고 시장이었다.

그러던 중 1991년부터 시장에 변화가 나타났다. 1992년부터 외국인에게 국내 증권시장이 개방되었고, 그간 읽어왔던 자료들이 차곡차곡 쌓여서 발화되기 시작했던 덕분인지 어느새 나는 1992년 저PER 혁명의 중심에 서 있었다. 여전히 지점의 막내였지만 지점 1등은 물론이고 본부, 그리고 대우증권 전체에서도 직급 중 가장 잘나가는 직원이 되어 있었다. 그 후 한화증권으로 이직하면서 더욱 유명세를 탔고 1999년엔 연봉 1위를 기록했다.

주식시장에 있으면서 큰돈도 벌었다. 하지만 준비되지 않은 성공은 온전한 성공이 되지 못하는 법이다. 준비되지 않았기에 머리를 숙이는 법을 배우지 못했고, 넘쳐나는 자신감은 결국 돌이킬 수 없는 패배로 다가왔다.

최근 게이 핸드릭스의 《운을 부르는 습관》이란 책에서 이런 구절을 발견했다. '어떤 업계든 대체로 일을 완성한 이들은 항상 부족함을 알고 개선해

나가지만, 이제 조금 알게 된 사람들은 가장 강한 자신감을 가지고 떠든다.' 필자가 바로 그 사례였다. 주식을 좀 알게 된 상태에서 시장을 이길 수 있다는 자만심이 가득했던 그때 크게 잃는 매매를 하게 되었고, 끝없는 나락으로 빠져드는 상황을 맞이했다. 나 자신을 다시 잡기 위한 방편으로 닥치는 대로 일했다. 장이 끝난 후엔 대리운전을 했고, 심야에는 물류 창고에서 일하고, 식당에서 주차요원으로도 일했다.

그러나 내가 가장 잘할 수 있는 일은 주식이며, 주식시장 수면 아래에서 벌어지는 '선수'들의 온갖 지저분한 일들과는 달리 수면 위 가격을 통한 싸움은 가장 깨끗한 일이란 생각이 들었다. 해답은 보니디 속 숫자들에 있다고 확신하면서 그간 내가 해 온 주식 매매들을 다시 한 번 복기했다.

잘된 매매, 큰돈을 번 매매, 잘못된 매매, 크게 잃은 매매, 그리고 여타 잦은 매매들을 돌이켜보았다. 그랬더니 뭔가 패턴이 보이기 시작했다. 성공한 매매와 실패한 매매에서의 내 행동과 대응에 큰 차이가 있었던 것이다. 나는 주식시장에 입문했을 때부터 그 당시까지 엄청난 양의 데이터를 검토, 분석해서 수많은 매매 패턴을 엑셀 파일로 작성해 완전히 새로운 시스템을 만들어보겠다고 결심했다. 거의 6개월이 넘는 밤샘 작업 끝에 현재 내가 사용하고 있는 울티마 시스템을 개발했다. 울티마 시스템은 내 주식 인생의 좌절과 성공을 모두 쏟아부은 결과물이다.

울티마 시스템의 초기 모델이 만들어진 것은 2005년경이다. 그 후로도 나는 완벽한 매매를 위해 노력하고 있지만, 거친 매매의 습성이 여전히 남아 있어 거기서 벗어나려고 노력하고 있다. 내가 만든 울티마 시스템을 통해 오히려 내가 배우고 조금씩 개선하며 시스템 안에 온전히 녹아들게 된 것이다. 그렇게 만들어진 것이 지금 사용하고 있는 UPMUltima Position Management, 즉 울티마 완성형이다.

처음 시스템을 만들고 사용할 당시에는 내가 추세 추종 매매를 하고 있다는 사실조차도 몰랐다. 울티마 시스템을 만들어 사용하던 중에 마이클 코벨의 《추세추종전략》이란 책을 읽었는데, 소름이 돋을 정도로 똑같이 내가 하고 있는 매매를 설명하고 있었다. 직접적인 방법은 기술하지 않았지만, 내가 실행 중인 매매 매뉴얼과 거의 동일했다. 오로지 경험을 토대로 만든 나의 시스템이 금융시장에서 오랫동안 형성되어 왔던(비주류이긴 하지만) 헤지 펀드들의 주요 시스템임을 알게 된 것이다. 나 또한 내 시스템의 온전한 사용법을 알게 되기까지 무려 10년의 시간이 필요했다. 지금 내가 1,000분 이상과 함께하고 있는 바로 UPM이다.

울티마 시스템은 결코 시장을 예측하지 않는다. 시장의 기류 변화를 찾아내고 대응하는 것이 핵심이다.

시장에서 어떤 이슈가 발생하면 그와 연관된 시세 변화가 나타나고, 그 후에 언론과 제도권에서 합당한 이유와 발전 방향 등을 논한다. 그리고 이러한 정보를 토대로 수많은 시장 참여자들이 반응하며 이슈 몰이는 강화된다. 나는 울티마 시스템을 통해 이슈 발생 초기부터 나타나는 시장의 기류 변화는 물론이고 종목의 시세 흐름 등 아주 작은 변화에 집중한다. 어떤 이슈, 어떤 논리가 형성될지는 알 수 없지만, 변화에 따른 연결 고리들을 생각하고, 그

연결 고리를 구성하는 종목들의 시세 변화도 함께 트레킹해 나간다.

이슈가 수면 위에서 공론화되기 전에 어느 정도 이해하기 시작하고, 그런 상황에서 일부 종목들의 시세 변화를 트레킹하고 대응하는 것이 지금 내가 하고 있는 매매 기법이다. 결국 내 포지션에는 시장에서 이제 막 움직이기 시작하는 종목들이 사전에 구성되고, 시간이 흐르면 시장의 중심에 자리잡게 된다.

나는 정보 매매를 하지 않는다. 시세 조종과 같은 작전도, 테마주를 좇는 급등주 매매도 하지 않는다. 뉴스도 보지 않고 증권사 쪽의 리서치나 펀드 매니저와도 교류하지 않는다.

나 또한 귀가 매우 얇기 때문에 어떠한 논리를 듣게 되면 혹하기 마련이고 시장에서 생성되는 데이터보다 그런 논리에 빠져들기 쉽다는 것을 잘 안다. 그래서 어느 누구와도 시장에 대한 얘기, 종목에 대한 얘기를 나누지 않는다. 오로지 시장에서 생성되는 데이터와 기업의 사업보고서, 그리고 재무제표만 본다. 기업 본연의 활동과 시장과 세상이 알려주는 숫자만으로 세상과 시장을 읽어나가고 있다. 대부분의 투자자들이 여의도와 강남에 모여 있지만, 나는 한적한 시골에 사무실을 꾸린 이유다.

나는 새벽 2~3시에 출근한다. 새벽 시간을 활용해 시장을 다시 한 번 점검하고 준비한다. 장이 개장해서 마감할 때까지의 시간은 일하는 시간이 아니라, 내가 준비한 상황을 점검하는 시간일 뿐이다.

운동선수들은 지독한 훈련을 통해 몸과 기량을 갖춘 후 경기에 나선다. 나에겐 장이 열리는 오전 9시부터 오후 3시30분까지가 경기 시간이다. 훈련 없이 좋은 경기를 펼칠 수는 없다. 가끔 운이 좋아 잘될 수도 있으나, 운은 반복되지 않는다. 하루 18시간 정도 책상 앞에 앉아 있지만, 사실 일하는 시간은 장이 열려 있는 시간이 아닌 장이 열리지 않는 시간이다.

나의 매매 기법은 단순하다. 과거의 나는 원샷 원킬 매매를 선호했다. 특정 종목을 선정한 후 모든 자금을 집중했다. 성공 시에 매우 큰 성과로 돌아오는 것은 당연하다. 짜릿한 느낌, 우쭐한 기분은 말할 것도 없고 분에 넘치는 돈을 만지게 된다. 그러나 매매가 잘못되었을 경우, 다시 일어설 수 없을 정도의 타격을 받는다.

과거의 나는 늘 불안하고 두려웠다. 지금 이 매매를 끝낸 후 다음 매매는 어떻게 해야 하나, 이번 매매가 실패하면 어쩌지, 하는 불안감으로 밤잠을 이루지 못했다. 만약 내 생각과 의도대로 매매가 이루어지면, 성공에 도취되어 자만심은 끝도 없이 올라가고 다음 매매도 당연히 성공할 것으로 착각하게 된다.

절대 자만하면 안 된다고 다짐하고 다짐하지만, 막상 매매가 크게 성공하면 어느새 신중함은 사라지고 큰 성공이 눈앞에 있는 것처럼 건방진 매매를 하게 된다. 하지만 그 결과는 참담한 실패로 돌아온다는 것을 수없이 체험했다.

현재의 나는 과거 원샷 원킬의 거친 매매와는 완전히 달라져 있다. 어찌 보면 너무 소심해서 '이렇게 해서야 돈을 벌기는 벌 수 있을까' 싶을 정도로 디테일한 매매를 하고 있다.

나에게 시장 상황은 그닥 중요하지 않다. 지수가 얼마인지도 신경쓰지 않는다. 주가가 올랐든 내렸든 별 상관이 없다. 내가 진입해야 할 시그널에 진입하고 청산해야 할 시그널에 청산할 뿐이다.

진입 시점에서는 하나님도 어떤 종목이 좋은지 모른다. 시간이 지나봐야 알 수 있는 것이다. 따라서 처음 진입할 때는 다수의 종목들로 포지션을 구성하고, 나의 생각과 행동에 들어맞은(성공한) 종목들에 대해서는 비중을 높여가고, 나의 생각과 행동이 틀린(실패한) 종목들은 하나둘 잘라낸다. 종목수가 많아지고 작아지고를 반복하면서, 한 번에 큰 수이이 만들어지는 것이 아니라 한 단계 한 단계씩 좋아지게 된다. 일단 계단을 올라가기 시작하면 내려오지 않게 된다는 것이 내 매매 스타일의 가장 큰 특징이자 장점이다.

이 책은 매매 기법에 대한 것이 아니기에 자세한 기술을 밝히지는 않았다. 아직도 많이 부족한 내가 '이제 괜찮다'라는 생각이 들 때가 오면 상세한 매매 기법과 시장 상황별 대응전략에 대한 책을 출간할 생각을 갖고 있다.

이 책의 정체성이라면 한국형 추세 추종 실전매매 기법인 UPM의 기본 철학과 실행 원칙, 운용 방법 등을 알기 쉽게 정리한 것이라 할 수 있다. 책의 1장에서는 2020년 코로나 쇼크 직후 어느 누구도 상상하지 못했던 코스피지수 3,000 포인트 시대를 예측할 수 있었던 분석 배경 등을 설명했다. 2장과 3장, 5장과 6장에서는 나를 포함해 많은 투자자들이 주식시장에서 실패하는 잘못된 매매 습관을 고칠 수 있도록 주식시장의 시그널과 투자 심리 등에 대해 상술했다. 본론이라고 할 수 있는 4장에서는 '싸움의 기술'이란 제목으로 한국형 추세 추종 실전매매의 노하우를 사례를 들어 설명했다.

각 장마다 2020년 3월부터 서울경제TV에 올리고 있는 '홍성학의 장중일기' 시황 글을 함께 넣었다. 독자 여러분들은 그 시황들과 함께 당시 지수 그래프, 시장 상황 등을 찾아 보면서, 나와 울티마 시스템이 그 순간 시장을 어떻게 보고 판단했는지를 지켜볼 수 있다. 주식시장에는 다 지나고 난 뒤에 거꾸로 꿰맞추는 엉터리 분석들이 너무 많다. 하지만 장중일기 시황은 그야말로 리얼 타임으로 시장에 대응했던 실록이다.

추세 추종 매매는 이제 시작일 뿐이다. 한국형 추세 추종 매매 기법인 UPM은 주식뿐 아니라 가격을 갖고 있는 모든 것에 적용할 수 있다. 금, 유가, 원자재 등등도 UPM 매매의 대상이다. 이 실전매매 기법을 활용해 글로벌 자산운용사를 운용하고자 하는 것이 나의 꿈이다. 그리고 이 책은 그 꿈의 주춧돌이다.

이 책을 읽은 투자자들이 잘못된 투자 습관을 버리고 명확한 투자 원칙을 세워 시장에서 이기는 싸움을 하기를 기원한다. 아울러, 추세 추종 매매 기법을 자신의 것으로 익혀 '행복한 매매', '행복한 투자자'가 되기를 진심으로 바란다. 주식시장에서 잃지 않으면 벌게 된다는 단순한 논리를 시장의 주인인 개인투자자들이 각인했으면 바랄 것이 없겠다. 이 글을 읽는 당신이 가장 많은 수익을 올리길 간절히 바라며 글을 맺는다.

2021년 4월 20일
한적한 시골에서 홍성학

Chapter

01

대한민국 역사상
가장 강력한 시장이 온다

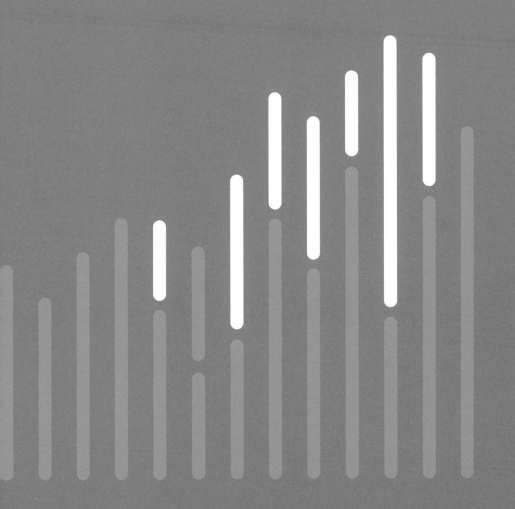

01

**2020년 3월 19일
시장이 붕괴됐다**

2020년 3월 9일(현지시간) 뉴욕증시NYSE. 개장 직후 S&P 500지수가 7%나 폭락했다. 15분간 증시 거래가 중단되는 '서킷브레이커'가 발동됐다. '블랙 먼데이'였다. 뉴욕 증시에서 서킷브레이커 발동으로 거래가 멈춘 것은 1997년 10월 '피의 월요일' 이후 처음이다. 이날 다우지수는 7.79%, 나스닥은 7.29%나 내리꽂았다. 금융위기 당시인 2008년 10월 이후 최악의 공포가 엄습했다. 미국 증시보다 2시간 반 늦게 열린 한국 주식시장. 코스피는 −4.19%, 코스닥은 −4.38%로 곤두박질쳤다. 코로나19 역병이 세계 주식시장을 강타한 것이다.

이후 한국 증시는 3월 11일부터 19일까지 7거래일 동안 단 하루도 빠짐없이 폭락하고, 또 폭락했다. 18일에는 코스피 −4.68%, 코스닥 −5.7%를 기록했다. 급기야 19일 코스피와 코스닥은 각각 −8.39%와 −11.71% 대폭락했다. 3월 2일부터 19일까지 코스피는 무려 −27.21%, 코스닥은 −31.75%나 주저앉은 것이다.

문자 그대로 주식시장은 '아비규환'이었다. 투자자들은 패닉 상태에 빠져 두려움에 몸서리쳤다. '하락의 끝은 과연 어디인가? 이러다 2008년 금융위기가 다시 오는 건 아닐까?' 다음은 당시 분위기를 생생하게 보여주는 신문 기사다.

바닥 언제 치나… 개미 투자자들 공포에 떤다!

최근 주가가 연일 폭락하자 '저가매수' 기회라는 판단에 주식투자에 나섰던 유진의(30, 가명) 씨가 주변 지인들은 물론, 각종 주식투자·재태크 카페 등 온라인 커뮤니티에 던지는 질문이다. 국내 증시가 반등의 기미는 보이지 않고 폭락장이 연일 이어지고 있어서다. 그는 국내 주가가 급격히 폭락하자 투자금이 반토막 이하로 떨어졌다며 한숨을 내쉬었다.

신종 코로나 바이러스 감염증(코로나19) 쇼크로 국내 증시가 곤두박질치자 개인투자자들이 공포에 휩싸였다. 지난 19일 코스피는 10년 8개월 만에 1,500선 밑으로 주저앉았다. 이날 코스피는 전 거래일보다 133.56포인트(8.39%) 폭락한 1457.64로 마감했다. 종가 기준으로 2009년 7월 17일(1440.10) 이후 10년 8개월여 만의 최저치다.

코스닥지수는 56.79포인트(11.71%) 내린 428.35로 종료했다. 종가는 2011년 10월 5일(421.18) 이후 8년 5개월여 만에 가장 낮은 수준이었다. 이날 코스피와 코스닥 시장에서는 지난 13일에 이어 역대 두 번째로 거래를 일시 중단시키는 서킷브레이커가 동시 발동됐다.(이하 생략)

:: 머니S 2020년 3월 20일, 손희연 기자

02
2020년 3월 20일
바닥이다… 과감한 대응을

2020년 3월 시장 급락은 투자자들을 공황에 빠지게 할 정도로 무섭게 진행됐다. 신용으로 주식을 산 상당수 투자자들은 바닥 모를 추락에 반대매매를 당하며 계좌는 깡통이 됐다.

특히 대폭락을 한 3월 18일과 19일을 겪은 뒤 금요일인 20일 주가가 반등하자, 두려움에 질린 투자자들은 아직 팔지 못한 주식을 황급히 던지기 바빴다. 당시 20일의 강한 반등을 지켜보며, 바닥을 확신하고 매수에 나서라고 말한 전문가는 드물었다. 하지만 그 시점이 '투매의 끝'이었다.

필자는 30년이 넘는 주식 매매 경험에서 본능적으로 더 이상 나올 매물이 없다는 것을 직감했다. 울티마 시스템*의 시장 에너지 지표 역시 하락의 큰 흐름이 상승으로 돌아선 것을 확인해주었다.

필자는 2020년 3월 20일, 지금이 바닥이니 과감히 주식을 사라고 주장했다. 급매물에 의해 하락 속도가 빨라졌던 부분에 대한 '단절의 시세 반전'이라며 특히 "아침 반대매매가 급증하는 상황 속에서 시세 전환이 이루어지는 날은 과감한 대응을 해야 한다"고 강조했다.

당시 대응, 즉 매수에 나설 것을 얘기한 사람들은 별로 없었다. 하지만 주식 추세를 분석해 예측하는 알고리즘인 울티마 시스템은 반등 시그널을 뚜렷하게 표시하고 있었다.

홍성학의 장중일기˙˙

의미 있는 시세 반전이 시작되고 있다!

아직 이번 급락이 완전히 마무리되었다고는 할 수 없다. 그러나 이미 노출된 악재로 인한 급락의 연속이 아니라, 시장 내부에서 반강제적으로 출회될 수밖에 없는 급매물에 의해 하락의 속도가 빨라졌던 부분에 대한 '단절의 시세 반전'이 되는 것이다.

하지만 지금과 같은 시세 반전이 시작될 때 시장 참여자들은 시세에 대한 부담을 가지게 된다. 첫째, 지속적인 급락에 대한 두려움은 여전하기에 언제, 어느 때 또다시 급락이 나타날지 모른다는 생각이 머릿속에 가득하기 때문이다.

둘째, 이미 어제까지 급하게 진행되던 하락 과정 중에 형성된 종목별 최저가를 확인한 상태이기 때문이다. 현재 절대다수의 종목들은 2월 고점 대비 -30%~-70%대의 하락 상태다. 그러나 전일 혹은 금일 시가에 기록한 저가 대비해서 10% 이상 올라 있기에 오른 부분에 대한 부담을 가지게 되는 것이다.

하락이 진행되고 있던 과정 중의 저가매수 가격, 혹은 물타기 등의 대응 가격보다 현재 가격은 매우 낮은 상태이다. 이제는 쉽게 매수하기에 심적 부담이 크다. 그러나 오늘은 일단 대응을 해야 하는 날이다.

특히 아침 반대매매가 급증하는 상황 속에서 시세 전환이 이루어지는 날은 과감한 대응을 해야 한다. 그 후 잠시 되밀리는 상황이 발생하게 되면, 매수분에 대한 매도가 아니라, 되밀리는 구간에서 지켜본 후 재차 매수 대응한 가격을 넘어서는 상황에서 추가 매수 대응을 해나가면 거의 완벽한 매매가 된다.

:: 2020년 3월 20일 오전 시황

- **울티마 시스템** : 필자가 만든 추세 분석 프로그램. 주가 상승과 하락의 데이터들을 알고리즘화해서 매수와 매도 신호를 잡아낼 뿐만 아니라 글로벌 증시, 환율, 유가 등의 거시 지표를 비롯한 방대한 데이터를 한 번에 볼 수 있도록 만든 프로그램이다. 2005년에 만들어진 울티마 시스템은 이후 십수 년에 걸쳐 수많은 실전 매매를 거치면서 더욱 정교하게 발전했다.

- **홍성학의 장중일기** : 2020년 3월 13일부터 주식시장이 열린 날이면 하루도 빠짐없이 서울경제TV에 싣고 있는 시황 분석이다. 매일매일 주식시장을 바라보는 필자의 관점과 시장에 대한 인사이트를 담은 기록이다. '장중일기' 가운데 지금도 유효한 내용을 이 책에 함께 실어 독자의 이해를 돕고자 한다.

03

2020년 4월, 코스피 3,000을 예견하다

　한국 증시는 2011년 이후 10년간, 코스피지수 2,000~2,600선의 박스권에서 오르락내리락을 반복해왔고, 2018년 1월 29일 기록한 2598.19가 최고점이었다. 그래서 한국 코스피시장은 '박스피'라는 오명을 안고 있다.

　이와는 달리 미국 다우지수는 지칠 줄 모르고 올랐다. 지난 2017년 1월 2만 선을 넘어선 뒤에도 줄기차게 상승했다. 결국 다우지수는 2020년 11월 24일 3만 포인트를 돌파했다.

　주지하다시피 2020년 3월 코로나 쇼크가 세계 경제를 강타하자 코스피지수는 1,500선마저 무너져 버린 상태였다. 이후 한국과 세계 증시는 V자 반등을 하며 빠르게 회복하기 시작했지만, 시장 안팎은 2008년 금융위기 때를 거론하며 '더블딥' 얘기로 도배가 되었다. 즉 폭락 → 반등 → 폭락이 두 번의 바닥을 만들고 나서야, 원래 수준으로 회복하는 것이 가능하다는 전망이었다.

이런 살얼음판을 걷는 분위기였던 2020년 4월, 필자는 한국 증시의 코스피지수가 10년 넘게 갇혀 있던 2,000~2,600 박스권을 뚫고 3,000선을 돌파할 것이라고 전망했다. 당시 인베스팅닷컴 등에서 "무슨 말도 안 되는 소리냐"라는 악플이 많이 달린 것으로 알고 있다. 하지만 필자는 코로나 사태 이전인 2019년부터 3,000선 돌파를 예측했었다.

홍성학의 장중일기

그저 시장이 알려주는 흐름대로 몸을 맡겨야

올해 시장으로의 자금 유입은 지속적으로 이루어질 것이다. 현재 45조 원 전후의 고객예탁금 수준은 코스피지수가 최소 3,000p는 넘을 수 있다는 것을 의미한다.

:: 2020년 4월 20일 오전 시황

필자가 코스피 3,000 돌파를 미리 알 수 있었던 것은 시장에 넘쳐나는 유동성 때문이었다. 즉, 4차산업혁명으로 상징되는 신경제 우수 기업들의 실적 대호전 등으로 2020년 주식시장이 강세장을 보일 것이란 분석을 이미 끝낸 상태였다. 코로나 쇼크가 강한 충격을 주긴 했지만, 각국 정부의 돈 풀기 등 적극적인 대응에 힘입어 코로나 바이러스 리스크는 그리 오래가지 못할 것이란 판단도 작용했다.

실제 한국 증시는 그렇게 흘러갔다. 다만, 시장은 직선으로 상승하는 것이 아니다. 많이 오르면 조정의 골도 깊어, 쉬었다 가고 다시 재상승하는 과정을 거치면서 추세적으로 상승한다.

2020년 가을에는 주식시장이 조정을 보이면서 코스피 3,000 시대는 너무 성급한 얘기가 아니냐는 조소 어린 댓글이 달릴 정도로 외면당하기도 했다. 하지만 코스피 시장은 2020년 12월 4일 박스권 천장인 2,700선을 뚫고, 한 달 후인 2021년 1월 7일 3,000P를 돌파했다.

다음은 증시에 여전히 비관론이 팽배했던 2020년 11월, 필자가 2019년부터 누누이 얘기했던 코스피 3,000 시대를 거듭 강조한 글들이다.

홍성학의 장중일기

이제 시장은 본격적인 상승의 시작 단계

외국인과 기관의 지배하에 있는 지수 관련 대중주와 개인 중심의 개별 종목 간의 시세 교차 현상을 통해 시장은 꾸준한 상승을 보여주게 될 것이다. 매일매일 시장의 이목을 집중시키는 종목은 달라지지만, 결국은 순환 과정을 거치면서 상승하게 된다. 이제 시장은 본격적인 상승의 시작 단계이다. 강세장에서 가장 강력한 주추세(主趨勢) 구간이 진행된다. 시장에 대한 이견이 생기지 않는 구간이며, 시장의 전망 또한 대부분 동일해진다. 따라서 시장 참여자들 역시 모두가 한 방향으로 달려들게 되는 구간이다.

코스피지수는 2,500p를 넘어서게 될 것이며, 사상 최고치 경신은 시간문제일 뿐이다. 이제 대한민국 주식시장은 3,000p 시대에 안착하게 될 것이다.

:: 2020년 11월 12일 오전 시황

내년에는 실적과 유동성 바탕으로 시장 주도주 부상

2020년 시장을 마무리하는 날이다. 거래일수로는 금일 포함 3거래일이 남아 있지만, 수도결제일 기준으로는 금일이 2020년 최종거래일이기 때문이다.

12월 들어 시장에서 상대적으로 뒤쳐져 있던 종목군들까지 일정 수준 이상 회복하였다. 12월 후반으로 오면서 시장은 재차 압축되는 모습을 보여주고 있으며, 그 중심에는 삼성전자가 자리잡고 있다.

아직 가보지 못한 길을 가기 시작한 것이다. 코스피지수 3,000p 시대는 이미 올해 초부터 강조해왔다. 이제 현실로 다가온 상황에서 그 중심을 삼성전자가 자리매김하고 있다. (중략)

2021년 내년 역시 반도체, 특히 메모리 반도체의 수급 구조가 공급 우위에서 수요 우위로 바뀌게 된다. 반도체 시장의 슈퍼 사이클이 형성되는 해이기도 하며, 그 중심에 삼성전자와 SK하이닉스가 자리잡고 있다. 하위 카테고리의 반도체 소재, 장비, 부품, 그리고 여타 IT 하드웨어 종목군에 대한 시장의 반향은 뜨거울 수밖에 없다.

올해 유동성에 의한 시장 상승으로, 내년에는 실적과 유동성을 바탕으로 시장 주도주가 부상하게 된다. 2020년을 마감하는 즈음에 2021년이 기대되는 상황이다.

:: 2020년 12월 28일 오전 시황

04 코로나 쇼크에도 튀어 오른 주식시장, 왜?

2020년 3월 코스피, 코스닥 시장에는 곡소리가 넘쳐났다. 수개월 전인 2019년 12월 중국 후베이성에서 시작된 괴질이 급속히 사람들을 사지로 몰아넣은 결과였다.

사람들이 모이는 시장은 문을 닫았고 도시는 봉쇄됐다. 각 나라의 국경이 막히고 비행기가 뜨지 못했다. 사람들은 감기 증상을 겪다 급성 폐렴으로 죽어갔다. 페스트, 스페인 독감 이후 인류는 다시 역병과의 전쟁에 직면했다.

세계보건기구WHO는 이 역병의 원인 바이러스를 '코비드19'라고 명명했다. 코로나 쇼크는 이렇게 세계를 뒤흔들었다.

사실 한국 주식시장은 2020년 1월부터 휘청이기 시작했다. 3월 들어 코스피지수는 2002.51포인트에서 1457.64포인트로 급락했다. 시장 붕괴 공포감으로 투자자들이 패닉 상태에 빠진 것은 이미 전술한 바와 같다.

1,400선까지 반토막 났던 코스피지수는 그로부터 10개월이 지난 2021년 1월 7일 3,000포인트를 돌파했다. 한국 주식시장에서 3,000포인트를 넘어선 것은 주식시장 개설 이래 처음이다. 지수만 놓고 봐도 두 배 이상 오른 것이다.

대표적인 우량주인 삼성전자는 2020년 3월 19일, 42,300원까지 떨어졌다가 2021년 1월 11일 96,800원까지 올라섰다. 7만 전자를 넘어, 8만 전자, 9만 전자가 됐다. 코스닥 대장주인 셀트리온헬스케어 역시 2020년 3월 19일 54,722원에서 2021년 1월 12일 177,100원으로 3배 이상 올랐다.

강세장은 비단 한국만의 일이 아니다. 세계 주식시장은 지난 1년간 꾸준히 올라 주식으로 돈을 번 사람들이 세계 곳곳에서 넘쳐난다고 봐도 과언이 아니다.

그렇다면 세계를 마비시킨 코로나19 바이러스의 창궐에도 왜 주식시장은 급반등한 뒤 코로나 이전보다 더 많이 오를 수 있었던 걸까? 우선 넘쳐나는 '돈' 덕분이다. 유동성 폭발이라고 해도 과언이 아닐 정도로 각국 정부는 경기 부양에 돈을 쏟아부었다.

여기에 더해진 것이 실적장세다. 이는 '패러다임의 변화', 즉 큰 시대적 변화가 밀어닥친 결과다. 넘쳐나는 돈이 밀어올리는 유동성장세로 시작해 4차 산업혁명의 신기술, 신경제 기업들이 전례 없는 호실적을 구가하는 실적장세가 겹쳐지면서 대한민국 역사상 가장 강력한 시장이 형성되고 있는 것이다. 유동성과 실적에 대해서는 뒤이어 자세히 설명하겠다.

코로나19로 상승 불가? 자금의 힘과 정책 방향 간과하는 것

현재 시장은 넘쳐나는 자금에 의해 움직인다. 시장 지배력 역시 개인들에게 있다. 그동안 개인들이 보유하고 있던 삼성전자에 대한 본격적인 매도가 진행 중이며, 삼성전자에 매몰되어 있던 자금들이 탈출하고 있다. 삼성전자로부터 벗어난 자금들은 일부 시장을 이탈할 가능성도 있으나, 시장 자체를 이탈하기보다는 낮은 변동성으로부터 탈출하고 있는 것이다.

코로나 상황으로 인한 구조적 문제를 극복하기 위해 글로벌 국가들이 모두 경기 방어 및 회복에 사활을 걸고 있다. 그로 인해 과도한 유동성 공급은 지속되고, 경기 회복을 위한 방침으로 기업들에 대한 우호적 환경 또한 제도적 지원이 이루어지고 있다.

여전히 시장 내 불안 심리는 존재하고, 현재 코로나19로 인한 경제의 역성장에 주목하는 이들도 있다. 기본적인 펀더멘털이 뒤처지는 가운데 주가 상승은 불가하다는 입장이다. 매우 당연하고도 정상적인 판단이다. 그러나 이런 판단은 자금의 힘과 정책의 방향이란 부분을 간과하고 있다.

강력한 정책적 지원과 자금의 힘은 충분히 예상되는 경제의 역성장 부분을 사전에 일정 수준 차단함으로써 시장 내 불안 심리를 잠재운다. 또한 자금과 정책이 맞물리면서 코로나19의 수혜를 보는 산업 또한 생겨난다.

수혜를 보는 산업이란, 그동안 멀게만 느껴졌던 4차산업혁명이 어느새 우리 일상 속으로 침투하고 있다는 사실로 체감할 수 있다.

:: 2020년 7월 30일 오전 시황

유동성에 의한 유동성장세가 우선적으로 진행

원자재 시장에서 주요 상품 가격의 변화가 발생하고 있다. 코로나가 창궐하던 지난 3월, 미국 연준을 비롯한 대부분의 국가에서 코로나로 인해 발생하게 될 경제 절벽 현상에 대한 방어 차원에서 실행한 무차별적인 자금 지원의 효과가 실물 경기에 가시적으로 영향을 주고 있는 것이다.

금융시장에서는 유동성에 의한 유동성장세가 우선적으로 진행되었고, 그 과정에서 전 세계적인 소비가 빠른 회복세를 기록했다. 상반기 악화되었던 실물 경기에 대한 반작용에 따른 회복 시그널이 곳곳에서 나타나고 있다.

우리 시장은 역사적으로 항상 유동성장세와 실적장세가 한꺼번에 복합적으로 작용하며 대세 상승의 장이 열렸었다. 현재 우리 시장도 코로나 이후 자금에 의한 유동성장세로 출발했지만, 점차 유동성장세와 실적장세가 적절하게 혼합되고 있는 모습을 보여주고 있다.

:: 2020년 7월15일 오전 시황

이런 유동성장세와 실적장세가 결합하는 구조적 강세장이 형성된 것은 언제부터였을까? 코로나 급락의 반작용인 기술적 반등 때문일까? 아니다. 가장 강력한 강세장은 2019년부터 잉태됐다. 2019년 주식시장은 강한 상승 에너지를 품고 있었다는 얘기다. 코로나 사태가 일시적인 충격을 주었지만, 시장은 제 갈 길을 간 것이다.

이미 2019년 10월부터 시장의 상승이 시작된 상태

만약 2020년 코로나가 없었더라면, 다이나믹한 부분은 줄어들었을지언정 시장의 상
승 흐름에는 변화가 없었을 것이다. 이미 2019년 10월부터 시장의 상승이 시작된 상
태였기 때문이다.

:: 2020년 12월 23일 오전 시황

05 돈이 넘쳐나는 유동성 파티가 열렸다

  필자가 2019년부터 2020년의 강세장을 설파해온 데는 분명한 근거가 있
다. 즉 돈이 넘쳐나는 유동성장세에 경기 사이클상 호황 국면으로 진입하면
서 기업들의 실적장세가 겹쳐 대세 상승이 일어날 것으로 보았기 때문이다.

  즉, 코로나 사태는 일시적 충격을 줄 뿐이며, 결국 시장은 가장 강력한 상
승 국면으로 갈 것으로 본 것이다.

  그 첫 번째 이유는 넘쳐나는 돈이다.

IMF 사태 이후 처음, 고객예탁금 시가총액 대비 4% 돌파

주식시장 역사상 고객예탁금이 시가총액 대비 4% 수준에 도달했던 것은 지난 1998년 IMF(외환위기) 이후 처음이다. 1998년 하반기 시가총액은 100조 원을 넘어섰고, 고객예탁금은 3조 원대에서 10조 원대로 증가했다. 1998년 하반기부터 시작된 인터넷 열풍과 함께(지금은 사라지고 없는 종목들이 대부분이긴 하지만) 보통 10배에서 100배 이상 상승하는 IT 종목들이 넘쳐나는 시기를 맞이했었다.

현재 증가하고 있는 예탁금은 결국 시장 내 화려한 종목장의 부활을 의미하는 것이다. 코로나19로 인해 관련주들의 급등세가 진행되고 있는 것을 단순한 테마성 움직임으로 의미 축소할 이유는 없다. 결국 돈에 의해 시세가 형성되고 있기 때문이다.

:: 2020년 3월 30일 마감 시황

주식시장의 본질은 무엇이고, 그 작동 원리는 무엇일까? 유동성장세가 한창이던 지난해 5월부터 필자는 불안해하는 투자자들에게 자신감을 가지라고 누차 설명하고 주장해왔다.

시장에서 가장 강한 이슈는 바로 돈이며, 돈이라는 것은 항상 돈이 되는 쪽으로 몰려가는 특성을 가지고 있다. 즉, 돈은 돈이 되는 방향으로 이끌리는 것이다.

돈이 몰려서 가격의 변화가 생길 수도 있지만, 가격의 변화 역시 돈을 끌어당긴다. 그 이후부터 모든 논리는 돈의 힘에 의해 발생하는 가격 변화에 대한 이유를 설명한다. 그러한 설명을 배경으로, 돈은 더욱 집결하는 상황으로 발전하게 되는 것이 금융시장의 원초적 원리이다. 지난 30년간 주식시장에 있으면서 돈을 이기는 것을 본 적이 없다. 돈은 세상의 논리를 모두 바꾼다. 얄팍한 일반 상식으로 이해하려 든다면 시장에서 낙오될 뿐이다.

주식시장은 본질적으로 돈에 의해 돈을 추구하는 욕망의 집합소이고 우리 시장은 곧 고객예탁금 100조 원 시대를 경험하게 될 것이다.

홍성학의 장중일기

시장에서 가장 강한 이슈는 바로 돈

시장에서 돈보다 강한 이슈는 없다. 특히 지금은 돈에 의해 움직이는 시장이다. 돈의 힘은 모든 논리를 무력화시키며, 논리는 결국 돈에 굴복한다. 주가가 올라가면 올라가는 이유가 자연스럽게 형성되며 논리적으로 상승 배경을 뒷받침하는 것이다.

따라서 지금 시장에서 가장 중요한 변수는 코로나로 인한 피해의 결과물인 미-중 간의 무역 분쟁, 유가의 움직임, 경기의 역성장이 아니다. 바로 돈이 가고자 하는 방향이다. 사회적으로 주식시장 외에는 돈이 갈 곳이 모두 막혀 있다. 그리고 그 돈이 선호하는 것은 돈이 집중되고 그 돈의 움직임이 정당화되는 곳이다.

시간이 갈수록 상대적 우위의 기업 환경을 가진 기업들에 대한 베팅 논리가 자연스럽게 형성될 것이다. 지난 3월부터 꾸준히 강조하고 있는 것이 바로 주식 비중 확대이다. 지금은 최대한 주식 비중을 높여서 가야 하는 구간이다.

:: 2020년 5월 7일 오전 시황

06 사상 최고의 실적장세가 펼쳐진다

2021년 2월을 지나면서 고객예탁금이 다소 감소한 것은 사실이다. 하지만, 시중에 넘쳐나는 자금은 언제든 돈을 좇아 주식시장으로 들어올 '5분 대기조'들이다. 일례로 2021년 3월 5일 주식시장은 전날 미국 증시의 하락 여파로 장중 3% 이상 하락하며 매우 불안한 모습을 보였지만, 개인들은 1조 1,000억 원어치 주식을 순매수하며 하락을 저지했다. 여차하면 싼 주식을 담으려는 투자자들이 줄을 잇고 있는 것이다.

2021년 3월 들어 미국과 한국 증시가 흔들리는 약세를 띤 이유는 미국 국채금리가 상승해 인플레이션 우려와 더불어 기준금리 인상 우려감이 불거진 탓이다. 다시 말해 돈 풀기가 끝나는 것 아니냐는 걱정이다. 하지만, 이런 시중금리 상승 배경에는 빠른 경기 회복, 정확히 말해 코로나 이전을 능가하는 경기 활황세와 함께 기업들의 실적 호전이 자리잡고 있다. 경기 회복과 기업 실적 호전은 사실 지난해인 2020년 코로나가 없었다 해도 예정된 수순이었다. 경기 사이클상 세계 경기는 회복 국면에 진입해 있었다.

지난 11월부터 수요 부분에서 경기 회복이 확연하게 달라지고 있다. 유동성과 경기 회복이 맞물리는 상황이 전개되었고 지금 역시 이 같은 기조가 더욱 강화되고 있다.

홍성학의 장중일기

업황 모멘텀과 자금의 결합보다 강력한 것은 없다

돈과 사회적 현상이 결합되고 있다. 업황 모멘텀과 자금이 결합될 때보다 강력한 효과를 발휘하는 것은 없다. 지금 시장은 이미 지난 3월 말 이후 시작된 것이다. 단기적인 관점에서의 접근과 단순한 기업 내재가치에 기반을 둔 가치투자 전략은 현재의 시장에서 무용지물에 가깝다. 그저 시장이 얘기하는 대로 맡겨두고 시장과 함께 흘러가야 할 때이다.

:: 2020년 5월 25일 오후 시황

코로나 이후 우리나라 경기 회복세, 매우 빠르다

유럽·미국에서 코로나 확진자의 증가는 결국 경기 부양안을 더욱 강도 높게 전개할 수밖에 없는 중요 요인으로 작용하게 되며, 현재도 넘쳐나고 있는 유동성을 더욱 강화시켜준다. 이미 코로나 이후 우리나라의 경기 회복세는 매우 빠르게 나타나고 있고, 중국을 비롯한 주요 국가들의 경기 회복도 기대 이상이다.

우리 기업들도 3분기 매우 양호한 실적을 보여주고 있다. 1~2분기 코로나 절벽으로 인해 나빠진 실적에 대한 기저효과를 넘어서는 호실적을 구가하고 있으며, 이는 코로나 이후 발생한 주가 상승을 뒷받침해주는 것을 넘어 추가 상승의 동력을 제공하고 있다.

:: 2020년 10월 29일 오전 시황

유가와 원자재 가격의 상승, 수요 증가에 따른 것

실물경기의 제반 지표가 회복되고 있다. 유가와 원자재의 상승은 공급량 조절에 의한 것이 아니라 수요 증가에 의해서 나타나고 있다.

제조업의 공장가동율 증가, 설비투자 증가, 재고 감소 등 기초 지표의 회복이 아주 빠르게 나타나고 있는 점과 맞물리며 회복의 속도를 높이고 있는 것이다.

:: 2020년 11월 26일 오전 시황

07 과거의 잣대로 현재를 재단하지 마라

코로나19 바이러스를 퇴치하게 될 2021년 말쯤, 우리는 코로나 이전으로 돌아가는 걸까? 물론 사람들이 아무 제한 없이 모이고, 비행기를 잡아타고 세계 방방곡곡으로 떠나고, 외국인들도 물밀듯 들어올 것이다. 그러나 '언택트'(비대면)로 상징되는 사이버 세계의 비약적인 확대와 전기차, 로봇, AI, 초연결로 대표되는 4차산업혁명의 가속화로 코로나 이전과는 확연히 다른 세상이라 봐야 한다.

새로운 패러다임의 변화가 밀려올 때 주식시장은 비약적인 상승을 기록했다. 2000년대 인터넷 신경제 트렌드가 이를 증명한다. 단순히 과거의 흘러간 노래일 뿐인 차트에 매달리고, 기업들의 이전 실적에만 매몰돼 거대한 시프트(이행)를 몰각한다면, 주식시장의 포효를 전혀 들을 수 없다.

필자는 새로운 패러다임, 4차산업혁명 신경제의 가속화를 누차 강조해왔다. 이번 메가 트렌드는 2000년대 초 닷컴 버블과도 확연히 다르다. 4차산업혁명의 변화는 너무나 명확한 실체를 갖고 있고, 이와 관련된 산업과 시장, 기업은 하루가 다르게 양적으로 커지고 질적으로 발전 중이다.

홍성학의 장중일기

메가 트렌드의 변화가 발생 중인 매우 중요한 구간

'경계'의 구간에서 '인정'의 구간으로 접어들고 있다. 절대다수의 시장 참여자들은 여전히 얄팍한 상식과 지식 수준으로 시장 전체를 평가해왔다.

단순히 일정 수준 상승한 부분에 대해 주가의 상승이 과하다는 평가를 내리고, 더블 딥을 운운해왔다. 하지만 현재 시장을 둘러싼 환경의 변화는 단순히 주가가 오르고 내리는 평이한 수준의 상황이 아닌 메가 트렌드의 변화가 발생하고 있는 매우 중요한 구간에 놓였다.

코로나로 인해 오히려 시간이 다소 걸릴 수 있는 경기 순환 과정이 인위적인 각국의 정책으로 인해 앞당겨지게 되었다. 제로금리 상황에서 오갈 곳 없는 돈의 흐름은 정책과 맞물리며 자금의 쏠림 현상이 발생할 수밖에 없는 형국이다. 여기에 시대적 변화인 4차산업의 대중화가 어우러지며 주식시장이 큰 변화의 장을 대변해주고 있다.

결국 초기 돈의 힘에 의해 작동한 경제 현상은 돈에 대한 인간의 본능적 욕구와 시대적 변화, 정책 지원이 함께 어우러지며 주식시장에 새로운 빅뱅이 발생하고 있다고 봐야 한다.

:: 2020년 8월 4일 오전 시황

단순한 트렌드 아닌 메가 트렌드 생성 중

전 세계적인 제로금리 상황하에서 금융시장을 제외한 마땅한 투자처가 불분명한 현실과 코로나로 인해 오히려 앞당겨진 4차산업의 대중화는 투자처의 명분을 제공하고 있다. 이는 경기 절벽에 대한 선제적 자금 지원, 정부 정책의 집중화, 대중 자금의 집결 등 주식시장에서 가장 중요한 요인이 모두 복합적으로 어우러진 상황에 기인한다. 단순한 트렌드가 아닌 메가 트렌드가 생성 중인 것이다.

:: 2020년 7월 16일 오전 시황

패러다임의 변화, 즉 세상의 구조와 흐름이 크게 바뀌는 변혁이 오면 이를 주도하는 실물 부문은 크게 성장하고 레벨 업 된다. 당연히 이를 선반영해 주식시장에서 강한 모멘텀으로 작용한다.

홍성학의 장중일기

패러다임의 변화가 가장 강력한 모멘텀

최근 시장의 가장 큰 화두는 '애플카'다. 그로 인해 현대, 기아차를 중심으로 한 자동차 관련주의 상승이 돋보이고 있으며, 이는 단순히 애플이 자동차 시장에 참여한다는 단순한 이슈를 넘어, 세상을 리드하는 혁신 기업이 새로운 영역에 참여함으로써 자동차 시장 또한 지난 2010년 초반의 스마트폰 혁신과 같은 새로운 기회의 장이 펼쳐질 것이라는 기대감이 작용하고 있다. (중략)
아무튼 시장은 '자동차의 전장화'란 이슈로 인해 강력한 모멘텀이 형성되고 있다. 업종 관계없이 전기차, 수소차, 재생에너지, 테슬라, 애플카와 연관되면 시장에서는 가장 강력한 화력을 보여주고 있기 때문이다. 피해 갈 수 없는 패러다임의 변화임에는 분명하다. (중략)

'단기적으로 주가가 많이 올랐다', '비싸다', '과열이다' 하고는 있으나, 패러다임의 변화가 주식시장에서 가장 강력한 모멘텀이란 사실을 잊지 말아야 한다. 강한 성장의 달콤한 열매를 기대할 수 있기 때문이다.

'빙산의 일각에 불과하다'란 용어를 지금 시장에 빗대어 생각해야 하는 것이 아닐까.

:: 2021년 2월 4일 오전 시황

08 4차산업혁명, 새로운 세상이 열린다

새로운 패러다임의 변화가 이미 시작됐고, 그 중심에서 4차산업혁명이 엔진이 되어 힘차게 작동하고 있다는 점은 누누이 말했다. '4차산업의 대중화'가 시작되어 인간의 삶이 크게 바뀌고 있고, 이는 인터넷 신경제와 비견할 만한 중대한 변화라는 것도 앞서 설명했다. 그렇다면 4차산업혁명과 주식시장은 어떤 상관관계를 갖는 것일까?

나는 대한민국이 4차산업혁명의 선두주자라고 생각한다. 한국에는 4차산업혁명의 핵심 기술을 갖고 있는 대기업과 강소기업들이 즐비하다. 이미 이들 기업은 주식시장의 주도주로 부상했다. 강력한 업황 모멘텀으로 전체 주식시장을 이끌고 있는 것도 이들이다.

비대면의 활성화, 4차산업혁명 대중화의 조기 정착

코로나19는 절대다수의 기업 실적에 부정적일 것이다. 그러나 비대면의 활성화로 반대 효과를 누리는 기업들의 영업 환경은 일시적이기보다는 4차산업혁명의 대중화를 조기에 정착시킬 수 있는 수요 요인으로 작용하게 되며, 단발성을 넘어 중장기적으로 우리 경제와 시장에서 큰 축을 담당하게 될 것이다.

시장이 비정상에서 벗어나 정상 국면으로 회복하는 과정에서, 우리는 산업의 지형과 기업 지형이 변하고 있다는 점을 인지해야 한다. 단순히 마스크, 진단 키트 등과 같은 코로나로 인한 단발성 이슈가 아닌 산업 자체의 환경을 근본적으로 변화시키고 있다는 점에서 우리가 대응해야 할 대상의 구분이 좀 더 구체화되고 있다.

비대면의 기초는 안정된 네트워크를 기반으로 한 다양한 디바이스의 활용이다. 우리나라는 이 부분에서 전 세계에서 가장 강한 나라이다. 관련 기업들의 사슬고리 또한 훌륭하게 구축되어 있다.

:: 2020년 5월 6일 오전 시황

우리 기업들이 세계 최정상에 올라설 수 있는 엄청난 기회

코로나19로 인해 그동안 기대감 속에 전개되고 있던 4차산업의 대중화가 시작되었고, 그 중심에서 우리 기업들이 큰 축을 담당하고 있다. 새로운 패러다임에 대한 오랜 기다림과 준비가 드디어 빛을 발하게 된 것이며, 그 기회는 코로나19로 인해 빠르게 다가왔다. 이것은 분명 우리 기업들이 세계 최정상에 올라설 수 있는 엄청난 기회로 작용하고 있다.

결과적으로 코로나19는 신흥국에서 벗어나지 못하고 있는 대한민국이 선진국 대열에 당당히 자리잡게 되는 상황을 제공해준다. 상대적으로 새로운 패러다임이 시작되는

국면에서 기술적으로 앞서가는 기업들과 사상 최대 자금의 국내 유입이 결합할 경우,
앞으로 어떤 상황으로 발전할지 그 누구도 예상하지 못할 것이다.

:: 2020년 4월 22일 오전 시황

09

글로벌 1위,
대한민국 상장기업

2020년 3월 현재 반도체가 품귀다. 차량용 반도체가 부족해 완성차 업체들의 생산에 차질을 빚을 정도다. 만년 적자로 수주를 따내는 게 항상 아쉬웠던 DB하이텍의 파운드리 생산 한계에 기인한 20% 가격 인상은 여러모로 의미하는 바가 상당히 크다.

경기 회복세는 완연하고, 해당 기업들은 즐거운 비명을 지르고 있다. 세계에서 메모리 반도체 1위는 어디인가? 모두가 알 듯 삼성전자다. 2위는? 당연히 SK하이닉스다.

국내 시장에는 상대적으로 4차산업과 관련된 종목들이 많다. 삼성전자를 위시한 대부분의 IT하드웨어, 디지털 콘텐츠 종목군은 웬만해서는 모두 포함된다고 봐야 할 것이다. 한국 내에 세계 선두 기업들이 한둘이 아니다. 중견,

중소기업으로 내려가면 부지기수다.

통신, 반도체 등 언택트 시대의 가장 중요한 부분에서 한국은 전 세계에서 가장 앞서고 있으며, 2차전지의 메이저 생산 기업도 한국이 차지하고 있다. 전기차의 핵심 소재와 부품을 꼽으라면 일단 배터리다. 2차전지 글로벌 리딩 기업은 어디인가? 세계 배터리 1~3위 기업은 LG화학, 삼성SDI, SK이노베이션이다.

2차전지에 들어가는 동박 세계 1위 기업은 일진머티리얼즈이고, 2차전지 보호회로 분야에서 글로벌 1위 기업은 아이티엠반도체이다. 4차산업혁명이 가속화되면 될수록 이들 기업들은 비약적인 성장을 할 것이다.

홍성학의 장중일기

반도체와 네트워크, 전 세계에서 우리가 가장 강한 분야

4차산업의 대중화는 결국 우리의 일상생활을 보다 편리하고 게으르게 만들어주고, 그 중심에는 반도체와 네트워크가 자리한다. 그리고 이 분야는 전 세계에서 우리가 가장 강하다.

DB하이텍의 파운드리 생산 한계로 인한 20% 가격 인상은 여러모로 의미하는 바가 상당히 크다. 단순한 DB하이텍의 호조가 아닌, 반도체 업황의 현주소를 여과 없이 보여준다. 이 부분은 바로 우리가 살고 있는 세상의 변화가 본격화되었음을 말해주는 것이다.

:: 2020년 12월 23일 오전 시황

4차산업 비즈니스 모델 구축 기업이 가장 많은 나라

우리는 이미 기술적으로 완성되어 있던 4차산업의 대중화와 보편화 시대로 진입하고 있다. 그 중심의 가장 밑바닥인 백단을 구성하는 것은 결국 IT 하드웨어다. 반도체를 중심으로 통신 네트워크, IT 부품, 핸드셋, OLED, 2차전지, 의료기기, 로봇, AI까지 아우르는 광범위한 ICT의 향연이 IoT의 대중화로 이어진다.

우리는 이와 관련된 비즈니스 모델을 구축하고 있는 기업이 가장 많은 나라다. 그리고 주식시장에 가장 많이 상장된 종목이기도 하다. 다수의 종목이 움직일 수 있는 구조적 환경의 구축과 더불어 이를 뒷받침할 에너지원인 돈이 그들을 향해 모여들고 있다. 이것이 팩트다.

:: 2020년 5월 22일 오전 시황

10 주식시장의 새로운 한국인, 2030 파워

2020년부터 주식시장의 중심은 개인투자자들이다. 펀드 등 간접 투자 상품에 들어간 자금들이 빠져나와 직접 투자에 나서고 있다. 2020년 20~30대는 강한 리바운딩을 보여준 주식시장으로 돈을 갖고 들어와 삼성전자 등 우량주를 사들이며 강력한 투자 주체로 자리잡았다.

이들은 태어나면서부터 인터넷을 접했다. 인터넷 신경제 시대 초, 중, 고를 졸업하고 지금 경제 현장에서, 산업 전선에서 일자리를 잡고 소득을 창출하고 있다. 하지만 이들은 미친 듯이 오른 집값, 전셋값, 그리고 상층으로 올라갈 사다리가 별로 없는 현실 속에서 좌절하고 있다.

그래서 2030은 재테크, 즉 투자에 열심이다. 수년 전 전자화폐 투자로 우르르 몰려가 인생 역전을 꿈꾼 사람들이 이들이며, 테슬라, 엔비디아 등 미국 상장기업에 투자하며 고수익을 자랑하는 서학개미의 상당수도 이들이다.

스마트폰이 마치 신체의 일부인 양 언제 어디서나 채팅과 SNS를 즐기며, 초단타 매매를 하는 특징도 보인다. 이들에게 직장은 주식과 부동산에 투자할 자금을 대출하기 위한 수단이며, 월급은 대출 이자를 꼬박꼬박 갚게 해주는 원천일 뿐이다. 목돈은 투자를 통해 만든다.

2020년 시장 폭락을 계기로 이들이 주식시장에 대거 진입했다. 이들은 시간이 지나면 40~50대가 되어 더 커진 투자 원금과 구매력을 가지고 시장의 중심 세력이 될 것이다. 기존 40대 이상의 투자자들에 더해 엄청난 숫자의 신병 부대가 속속 주식시장이란 전쟁터로 돌어오고 있다.

뒤에 나오는 신문 기사에서 보듯 2030 신세대들이 주식시장에 대거 진입하면서 향후 한국 주식시장은 주식투자자 비중이 크게 늘어날 것으로 보인다. 현재 15.4%대에 머물러 있는 주식투자자 비율은 미국의 30%와 비슷한 수준으로 크게 높아질 전망이다. 그렇다면, 주식시장의 고객예탁금과 하루 거래대금은 더욱 늘어날 수밖에 없다.

대한민국 주식시장이 어느 정도 시간이 지난 뒤 1만 포인트 시대를 열지 말란 법이 없는 이유다.

2030 너도 나도 주식투자…
개인 계좌 개설 올 들어 4배
'증시의 힘' 개미 대해부 / ① 한국 증시 버팀목 된 개미

부산 강서구 명지동에 사는 박기훈 씨(35·가명) 부부는 네 살 쌍둥이를 위해 올해 증권 계좌를 열고 적립식 투자를 시작했다. 박 씨는 "딸들에게 아파트를 한 채씩 물려줄 자신은 없지만 아이들 앞으로 삼성전자와 디즈니 주식을 한 달에 2주씩 사주고 있다"고 말했다.

동학개미가 올 한 해 한국 주식시장을 후끈 달구면서 코스피 2,700 돌파의 주역으로 자리잡았다. 외국인과 기관투자가에게 당하기만 하던 종전의 개미와는 달랐다. 테마주를 주로 담던 매매 패턴에서 벗어나 삼성전자, 현대차, 네이버, SK하이닉스 등 대형 우량주에 베팅했다.

국내 증시를 넘어 미국·중국 등 해외 증시로 과감히 보폭을 넓힌 서학개미도 본격적으로 등장했다. 집값 상승에 좌절한 20~30대 개미들이 주식 공부 열풍과 함께 존재감을 알렸다.

이 같은 변화는 통계로 확인된다. 개인투자자가 가장 많이 이용하는 키움증권 자료를 매일경제가 13일 단독 입수한 결과, 올해 키움증권 신규 계좌(1월~12월 3일)는 약 288만 개로 이 중 개인 주식 계좌가 202만 개였다. 지난해 개인 계좌 약 465,000개가 신설된 것과 비교하면 무려 4.3배나 된다. 폭발적인 가입 속도다. 이현 키움증권 사장은 "올해 신규 계좌는 지난 5개년보다 많은 숫자"라며 "코로나19 확산에 따른 재택근무가 개미 열풍에 일조했을 것"이라고 말했다. (중략)

올해 개미 열풍을 이끈 20~30대는 40~50대보다 주식 매매를 활발히 한 것으로 나타났다. 지난달 30일 기준으로 키움증권 계좌 회전율을 살펴보면 20~30대는 40.6%로 40~50대 회전율 24.0%보다 훨씬 높았다. 회전율은 투자 원금 대비 얼마나 거래 약정을 맺었는지를 나타내는 지표다. 같은 금액을 투자해도 거래를 더욱 활발하게 했다는 의미다.(이하 생략)

:: 매일경제 2020년 12월 13일, 김규식, 김인오 기자

11 대한민국 역사에 이런 시장은 없었다

필자는 2019년 시점부터 2020년 이후 강세장을 설파해왔다. 3,000포인트 시대를 단언한 것도 전술한 바와 같다.

그렇다면 모두가 궁금해할 다음 질문이 있다. '이 강세장은 언제까지 갈까'라는 것이다. 나는 최소 3년 이상 대세 상승장을 예상하고 있다. 지금까지 경험하지 못했던 가장 강력한 주식시장이 펼쳐지고 있다고 보는 것이다. 물론 시간은 걸릴 것이다. 2011년부터 2,000~2,600 박스권을 넘어선 한국 증시는 앞으로 4,000포인트, 5,000포인트도 가능하다고 본다.

지금 펼쳐지고 있는 시장은 "대한민국 주식시장 역사상 가장 강력한 강세장"이다. 한마디로 지금까지 이런 주식시장은 없었다.

강세장의 특징은 주식을 가지고만 있으면 누구나, 그리고 어떤 주식이나 이익으로 연결된다는 것이다. 초과 수익이 '발생하느냐 아니냐'의 차이만 존재할 뿐이다.

대한민국 역사상 가장 강력한 주식시장을 보고 있는 여러분들은 과연 '온전히 상승장의 수혜를 내 것으로 만들 준비가 되어 있는가' 자문해봐야 한다.

4,000포인트, 5,000포인트 시대에 대한 준비가 필요하다

코스피지수 3,000p 시대에 진입했다. 오늘, 2021년 1월 6일은 대한민국 주식시장에서 기념비적인 날이 될 것이다.

일단 코스피지수가 3,000p를 터치한 상태에서 곧바로 치고 올라갈 것이란 생각은 가지지 않는 것이 좋다. 어차피 넘어서야 할 산이지만, 단번에 치고 가진 못하는 것이 일반적인 주식의 흐름이기 때문이다. 첫 번째 터치 이후 재차 반락을 하게 되고, 그후 안착하는 과정을 거치면서 진정한 코스피지수 3,000p 시대가 개화될 것이다.

오래전부터 한국 주식시장의 코스피지수 3,000p를 가장 먼저 주장해온 입장에서, 우리 시장은 단순히 코스피지수 3,000p가 중요한 것이 아니라 앞으로 4,000p, 5,000p 시대에 대한 준비가 필요하다고 생각한다. 지수 1,000p에서 2,000p까지는 100%의 상승이지만 2,000p에서 3,000p는 50%에 불과하며, 3,000p에서 4,000p까지는 33%에 불과하다. 따라서 앞으로의 시장은 단순히 지수가 얼마인지가 중요한 것이 아니라, 어떤 식의 대응을 하느냐가 중요해진다.

이러한 논리적 상승 배경은 이미 2020년 3월부터 강조해온 부분이다. 단순히 가격적인 측면으로 현재의 시장을 논하는 우를 범하지 말아야 한다.

:: 2021년 1월 6일 오전 시황

Chapter
02

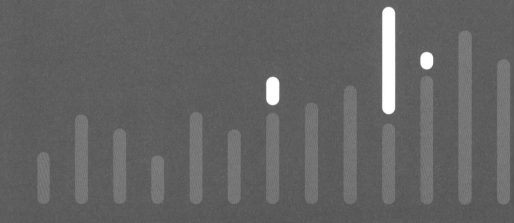

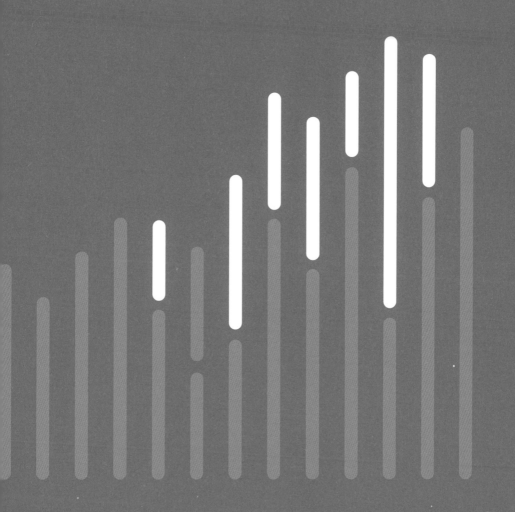

당신이 속고 있는
시장의 거짓말들

01 버블은 아무도 얘기하지 않을 때 온다

주식시장이 오르면 어김없이 나오는 말이 버블이다. 특히 2020년 3월 폭락 이후 급반등한 뒤, 2021년 1월 코스피지수가 3,000포인트를 돌파하자 이렇게 많이 오른 것은 버블이라는 말들이 여기저기서 터져 나오고 있다.

버블론은 인디언의 기우제처럼 언젠가는 맞게 되어 있다. 시계의 시침이 돌다가 12시를 하루에 두 번은 지나치는 것과 마찬가지 원리다.

자산 시장은 마냥 오를 수 없다. 당연히 거품도 끼고 그 거품은 터진다. 16세기 네덜란드의 튤립 투기 열풍이 대표적 사례다. 그러나 세상에 버블을 경고하는 목소리가 많을 때 버블은 절대 오지 않는다.

시장의 과열을 우려하는 이들이 없을 때가 버블

그들은 시장을 주구장창 흔들어댈 것이다. 비싸다, 과열이다, 조심해야 한다고 하면서….

그런데 시장의 끝자락에서 나타나는 대표적인 지표가 있다. 시장의 과열을 우려하는, 즉 주가가 비싸다고 하는 이들이 없다는 것이다. 하지만 지금은 넘쳐나고 있다. 과열이라고 떠들고 비싸다고 떠드는 사람들이….

결국 그들은 현재 시장에서 매수 대기자로 줄을 서 있는 자들일 뿐이다.

:: 2021년 1월 19일 오전 시황

누구나 대세 상승을 얘기하고, 아무도 버블이라고 말하지 않을 때 버블이 펑 터진다. 군중 심리가 한쪽으로 치우쳐 극단적인 매수 열풍이 불 때는 아무도 버블이 터질 거라고 생각하지 않는다.

지금 한국 증시가 버블이고, 조만간 거품이 터질 것이란 얘기들이 심심치 않게 나오고 있다. 2020년 역시 더블딥부터 버블론까지, 시장의 비관론자들은 조금만 주식시장이 오르면 언제나 경고음을 냈다. 하지만 그들이 맞았는지 묻지 않을 수 없다.

버블 이전에 시장에 자리 잡고 생성 과정을 즐겨야

시장은 결국 돈에 의해서 시작되고 돈에 의해서 강화될 것이다. 항간에 넘쳐나는 유동성에 의한 버블이 우려의 대상이다. 하지만 아직 버블은 생성되지 않았다. 과거 여러 차례 형성되었던 버블이 지배하던 시기의 사회와 주식시장의 모습은 지금과 다르다. 재화의 가격은 오르기만 한다는 생각이 지배할 때, 그때가 바로 버블이 팽창되는 시기이다. 지금은 버블에 대한 우려감이 가득하며, 시장 내 참여자들의 심리적 상황 역시 기대보다는 불안감이 큰 편에 해당한다.

버블이 지배하는 시기에는 시장에 대한 부정적 견해, 부정적 시각 자체를 논할 수가 없다. 논하는 자만 바보가 되기 때문이다. 지금은 버블과 시장에 대한 부정적 견해를 추종하는 시기이다.

아직 버블은 시작하지도 않았다. 주식시장의 꽃은 버블의 완성이다. 버블이 완성된 시기엔 시장에 참여해서 안 된다. 그 이전에 (시장에) 자리잡고 있으면서 버블이 생성되는 과정을 즐겨야 한다. 지금도 자리를 잡기에 늦지 않았다.

:: 2020년 6월 22일 오전 시황

버블을 논하기에는 너무 이르다

현재 시장이 버블이며 과열되었다고들 한다. 특히 지난 2000년 IT 버블 당시와 비교한다.

1998년 고객예탁금은 3조 원에서 12조 원까지 급격히 증가하며, 개인 중심의 시장이 전개됐다. IT 종목군 중 특히 인터넷과 관련된 기업들이 두드러졌다. 100배 상승을 기록한 당시 새롬기술을 비롯한 수많은 종목들이 광풍과도 같은 시세를 보여주었다.

그러나 당시와 지금은 '실체'란 측면에서 차이가 있다. 당시에는 실체가 존재하지 않는, 뜬구름을 잡는, 오로지 기대감에 의한 광풍이었다면, 현재는 실체가 분명한 상황 속에서 넘쳐나는 자금의 지원 아래 진행되는 상승장이다. 특히 국내 기관이 이미 시장에서의 영향력을 상실한 상태에서 개인 중심, 특히 젊은 층 중심으로 재편된 시장이기에 과도하다는 판단은 낡은 사고가 아닐 수 없다.

물론 몇 년 후를 내다본다면, 지금의 주가 수준을 유지하지 못하는 종목들이 상당히 많을 수 있다. 그러나 분명한 것은 현시점은 버블을 논하기엔 너무 이르다는 사실이다. 누차 강조한 바와 같이 돈은 돈을 찾아다닌다. 그것이 돈의 속성이다. 돈이 되지 않는 곳으로 절대 가지 않는다. 현재 넘쳐나는 자금이 갈 곳을 찾지 못해 헤매다가 결국 찾아가는 유일한 창구가 바로 주식시장이라는 점은 전 세계적인 공통 현상이다. 돈에 의한 시세의 흐름은 진행될 수밖에 없다. 단기적인 등락은 의미가 없다. 시장 중심 종목이 단기적인 가격 조정을 거칠 경우, 새로운 돈에 의해 적극적인 손바뀜 현상을 반복적으로 거치며 시세의 향연이 펼쳐지게 된다.

계속 강조하지만, 이전의 주식시장과 지금, 그리고 앞으로의 주식시장은 전혀 다르다. 엄청난 패러다임의 변화가 진행 중이다.

:: 2020년 9월 2일 오전 시황

02 코로나 위기인데
어떻게 주가가 오르냐고?

2020년 한 해 동안 코로나에 대한 공포감이 시도 때도 없이 평정심을 마비시키곤 했다. 초기에는 대구 지역에서 급증하는 신천지 교인 확진자들 소식에 매우 불안한 시간을 보냈다. 8월에는 대규모 집회가 열리면서 또다시 대대적인 확산이 벌어지는 게 아닌가 전전긍긍했다. 12월부터는 확진자가 1,000명을 넘어선 뒤 한동안 줄지 않아 5인 이상 회식을 금지하고, 9시에 식당과 술집이 문을 닫아야 하는 2.5단계 방역 체제를 발동했다.

이렇게 코로나가 엄습해 있고, 자영업자들이 줄줄이 폐업하고, 전 국민 재난지원금을 지급하는 마당에 주식시장이 어떻게 강세장이 될 수 있느냐며 줄곧 비관적인 얘기를 하는 사람들이 적지 않았다. 또 전문가들 중에는 V자 반등이 약해질 무렵부터 줄곧 더블딥을 얘기하며 다시 폭락이 올 것이라 전망하는 사람들이 많았다.

이를 반영해 주가 폭락 때 큰 이익을 얻는 인버스, 곱버스 ETF에 막대한 자금이 베팅되었다. 2020년 말 코로나가 종식되기 힘든 마당에 넘쳐나는 돈과 급락한 반작용으로 V자 반등을 했지만, 그걸로 끝이라는 인식이었다.

이런 주장들 때문에 강세장을 약세장 내지 폭락장으로 오인한 투자자들이 하락에 베팅하거나, 주가 상승의 과실을 따 먹지 못하는 경우가 많았고, 지금도 그렇다. 물론 주가는 일직선으로 상승만 하는 게 아니라 많이 오르면 쉬었다 가고, 또 일시적인 급락을 하기도 하고, 오른 주가 수준에서 다지다가 다시 오르는 등의 과정을 거친다.

상승 추세가 살아 있는데도, 2020년 8~10월 단기적인 조정장이 오자 마치 주식시장이 다시 무섭게 급락하거나 재상승을 못 할 것이라는 얘기가 넘쳐났었다. '코로나가 끝나기 힘든데 어떻게 주식시장이 계속 오르느냐'라는 어찌 보면 상식적인 판단이었다. 하지만 주식시장은 언제나 실물 경기를 선반영한다. 또한 유동성(돈)에 의해 지대한 영향을 받는다.

이를 잘 알고 있는 '스마트 개미'들은 주가가 크게 낮아진 3월 19일 이후 대거 주식을 사러 들어와 수익을 거뒀다. 반면, 한쪽에서는 줄기차게 코로나 경제 위기라면서 과열을 얘기한다. 버블을 걱정해 얕은 수익만 보고, 조정장에서는 물타기를 하다 더 하락하면 견디지 못하고 손절매하는 과정을 반복한 것이다. 코로나 위기를 너무 과대 인식한 탓이다.

소위 전문가들도 일반론을 말하며 버블을 경고했다. 언론 역시 개인투자자 비율이 과도하다며 심각성을 경고하고 나섰다.

"증시 버블 붕괴하면 수많은 기업 파산할 것"

"2분기를 저점으로 3분기에 회복세를 보이던 경기가 4분기에 다시 하락하며 또 다른 저점을 형성하는, W자형 침체를 보일 것으로 전망한다."

김영익 서강대 경제학부 교수는 8월 26일 '이코노미조선'과 전화 인터뷰에서 신종 코로나 바이러스 감염증(코로나19) 재확산이 한국 경제를 '더블딥(경기 반짝 반등 후 다시 침체)'에 빠뜨릴 것이라고 말했다. 그러면서 "코로나19 재확산으로 3분기 경기 반등 시나리오가 무너지며 주식 시장의 거품이 터지고, 수많은 기업이 파산할 것"이라고 덧붙였다. 2018년 출간한 저서 '위험한 미래'에서 2020년 경제위기를 언급한 김 교수는 한국의 닥터 둠(Dr. Doom · 비관적인 관점에서 예측하는 경제 전문가)으로 불린다.

Q. 더블딥이 일어날 거라고 예상하는 근거는 무엇인가.

"한국보다 한 달쯤 먼저 코로나19 재확산 타격을 입은 미국 경제 지표를 보면 알 수 있다. 7월까지 회복세를 보였던 미국의 소비자 심리 지수와 무역 · 제조업 지수 등은 8월에 전문가 예상을 훨씬 하회하는 수준으로 나타났다. 현재 우리나라에서 재확산하고 있는 코로나19의 영향은 9월 지표에 반영될 텐데, 분명히 충격이 클 것이다."

Q. 더블딥은 경제에 어떤 위험을 초래하나.

"주식 시장과 실물 경제의 지나치게 벌어진 간극이 일순간에 좁혀지는 결과가 초래된다. 전 세계 정부가 유동성을 넘치도록 공급하면서, 증시 거품이 굉장히 부풀어 오른 상태다. 그나마 거품을 지탱하던 것이 경기 반등에 대한 기대감이었는데, 더블딥은 그 기대감을 무너뜨린다. 그렇게 간극이 좁혀지는 과정을 '증시 폭락'이라고 부른다."

Q. '실물 경제가 나쁘다'고 확신하는 이유는.

"올해 들어 파산한 기업 가치 10억 달러(1조 1800억 원) 이상의 미국 기업 숫자가 2002년 IT버블이 붕괴됐을 때와 2008년 세계 금융위기 당시보다 더 많다. 여기에 넘치는 유동성 덕분에 숨만 붙어 있는 '좀비 기업'도 산재한 상황이다. 외신에 따르면 이미 선진국 정부 부채가 국내총생산(GDP) 대비 128%로 제2차 세계대전 직전보다 높다. 중앙은행의 금리 인하도 한계가 있다. 지난 3월처럼 유동성을 공급하는 것이 이제는 불가능해진다는 얘기다."

Q. 그렇다면 더블딥으로 인한 증시 폭락은 언제부터 어떻게 나타날까.

"더블딥은 이미 시작됐다. 당장 9월부터 미국 증시는 '조정'되기 시작할 거다. 결과적으로 20% 정도 떨어질 것으로 전망하고 있다. 2008년 세계 금융위기 당시 한국 경제는 큰 문제가 없었음에도 심대한 타격을 입었는데, 이번에는 우리나라 증시에도 상당한 거품이 껴 있는 만큼 동반 하락의 폭이 클 것이다."(이하 생략)

:: 2020년 9월 8일 이코노미조선 최상현 기자

하지만 이러한 우려와 달리 한국의 수출은 매월 사상 최고치를 경신했고, 한국 주식시장은 앞의 기사가 나오고 불과 세 달 만인 2021년 1월 7일에 대한민국 역사상 처음으로 3,000포인트를 뚫었다.

거듭 말하지만 주식시장은 선행한다. 6개월 정도 실물 경기를 앞서간다고 한다. 특히 이미 알려진 악재는 악재가 아니다. 갑자기, 뜻밖의 대형 충격이 주식시장을 대폭락시키는 것이지, 예고된 악재는 시장을 붕괴시키지 못한다.

주식시장에 직접 참여하며 시장과 호흡해보지 못한 대학 교수, 경제 관료, 증권사 리서치센터 연구원들의 논리는 정연하다. 하지만 그들은 시장은 모른다. 경험해보지 못했기 때문이다. 상당수 투자자들이 이러한 소위 전문가들의 말솜씨에 현혹되어 시장을 잘못 보는 경우가 많아 안타까울 따름이다.

03 금리 인상하면 무조건 악재?

2021년 3월 들어 미국 주식시장이 연속 하락하는 조정을 보였다. 미국 국채 금리가 상승하면서 인플레이션 우려와 더불어 정책 금리가 인상될 수 있다는 부정적 전망이 나오면서 나스닥지수는 2021년 2월 12일 종가 기준 14,095.47포인트에서 3월 8일 12,609.16포인트로 10.5%나 하락했다. 기술주들이 많은 나스닥 시장은 차입이 많은 기술주 회사들의 특성상, 금리 인상으로 기업 이익이 줄어들 것이란 예상으로 하락 폭이 컸다.

미국 시장의 하락 여파로 한국 증시도 고개를 떨궜다. 3월 8일 코스피지수는 3,000포인트가 깨진 데 이어, 9일에는 코스닥도 900선이 무너졌다. 금리 인상 우려가 주식시장을 냉각시킨 것이다.

금리 상승 부담에 혼란스러운 증시… 코스피 2,990대

코스피가 9일 장 초반 약세를 보이고 있다. 금리 상승의 부담으로 나스닥이 급락하는 등 전일 뉴욕 증시의 사정을 반영하는 양상이다.

이날 오전 9시 4분 코스피지수는 전 거래일 대비 5.75포인트(0.19%) 하락한 2,990.36을 가리켰다. 코스피지수는 6.15포인트(0.21%) 내린 2,989.96에서 출발했다. 수급에서는 외국인과 개인이 각각 562억 원, 382억 원 규모를 순매도하고 있다. 반면 기관은 958억 원 규모를 순매수했다.

같은 시간 코스닥지수는 3.90포인트 빠진 900.87을 기록했다. 개인과 외국인이 각각 113억 원, 18억 원 순매수했지만 기관이 104억 원 순매도했다.

한편 전일 뉴욕 증시는 국채 금리 상승 부담으로 혼란스러운 모습을 나타냈다. 스탠더드앤드푸어스(S&P) 500지수는 0.54% 하락한 3,821.35에 마감했고 나스닥지수는 2.41% 급락한 12,609.16에 장을 마감했다. 반면 다우존스30 산업평균지수는 0.97% 오른 31,802.44에 거래를 마쳤다.

:: 서울경제신문 2021년 3월 9일자, 이완기 기자

금리 인상이 주식시장에 악재라는 것이 통설이다. 하지만 언제나 그렇진 않다. 경기 회복이 시작되는 단계에서는 분명히 금리 인상이 주식시장에 충격을 줄 수 있다.

하지만 그다음 단계에서는 금리 인상이 오히려 경기가 활황세로 간다는 시그널이 되어 주식시장의 호재로 작용한다. 반대의 경우도 마찬가지다. 주식시장에 좋은 영향을 준다고 알려져 있는 금리 인하는, 경기가 침체기에 빠질 때 정책 금리를 내리면 경기 악화를 확인시켜주는 신호가 되어 주식시장

이 폭락한다.

2012년 3월 미국의 국채 금리 인상에 대해, 콜린 파월 연방준비제도이사회 의장이 적극적인 금리 인상 억제에 나서겠다는 말을 하지 않아 실망한 투자자들이 주식을 매도하는 일이 벌어졌다. 그러나 파월의 말은 경기가 완연하게 회복 국면에 들어서고 있다는 것으로도 해석된다.

특히 파월은 2023년까지 기준 금리를 인상하지 않겠다며, 경기 회복세에 찬물을 끼얹지 않겠다는 입장을 분명히 했다. 즉, 코로나 위기에도 1년 만에 경기가 회복되고 있다는 점을 공식화한 것인데, 호재로 해석될 여지가 훨씬 많다.

그렇다면 왜 미국 시장은 하락했을까? 지난 1년 동안 많이 오른 반작용으로 조정을 보인다고 보는 게 정확하다. 시장이 내리니까 이유를 찾아야겠는데, 그게 바로 미국 국채 금리 상승이다. 시장이 내리니 악재는 찾아야겠고, 그러다 보니 미국 국채 금리 상승과 인플레이션 우려를 짚은 셈이다. 하지만 조금만 생각하면 이것은 주식시장의 호재일 수밖에 없다.

이렇듯 시장에서 당연하게 얘기되는 호재와 악재는 그때그때 호재가 되기도 하고 악재가 되기도 한다. 시장이 강할 때는 악재도 악재가 되지 못하고, 별것도 아닌 것이 호재로 둔갑한다. 반대로, 조정장이거나 폭락장일 때는 호재도 악재로 오인된다.

앞으로 수개월 혹은 1년 정도 후, 금리 상승은 호재

장기 금리 상승의 바탕은 경기 회복이다. 그럼에도 시장은 유동성 축소를 우려하여 약세를 기록 중이다. 체력은 좋아졌음에도 여전히 체력이 약할 때의 핸디캡을 원하고 있는 것이다. 체력이 강해졌으면 그동안 우대 적용받던 핸디캡을 반납해야 한다. 현재 시장의 장기 금리 상승이 핸디캡의 소멸이다.

그럼에도 시장은 여전히 핸디캡을 원하고 있으며, 핸디캡이 없으면 질 것이라 지레짐작하고 있다. 이것이 바로 유동성의 함정이다. 지금은 유동성을 공급받아야 할 시장 체력이 아니다. 유동성을 줄여나가는 것은 곧 체력이 상승했다는 것을 확인해주는 것이다. 유동성장세에서 실적장세로의 전환 과정에서 시장 참여자들은 여전히 유동성 함정에 빠져 있기에, 경기 회복을 토대로 전개되는 금리 인상에 대해 악재로 받아들이는 것이다.

앞으로 수개월, 혹은 1년 정도 지난 후 금리 상승은 호재로 받아들이게 된다. 시장 참여자들이 유동성 함정에서 벗어나 있기 때문이다. 이제부터 본 게임이 시작되는 시기임을 최근 시장이 알려주고 있다.

유동성장세는 종료되었다. 경기 회복의 시그널은 이제 온 세상에서 확인이 가능하다. 따라서 시장에서 매매 대응이 되는 종목들은 명확하게 실적으로 구분해야 한다. 실증적 실체가 존재하는 종목들만의 상승세가 시현될 것이다.

누구나 돈을 버는 시장에서 소수만이 돈을 버는 시장으로 진입한 상황이다.

:: 2021년 2월 26일 오전 시황

04 시장은 족집게처럼 맞출 수 없다

한국 투자자들 중에는 시장이 폭락하거나 약세를 보일 때 뜬눈으로 밤을 지새우는 사람들이 적지 않다. 미국 주식시장이 한국 증시의 등락에 직접적인 영향을 주기에 미국 증시가 오르는지 내리는지 초조하게 지켜보는 것이다.

그런데 미국 증시와 한국 증시가 서로 비슷하게 움직이는 커플링 현상만 있는 것이 아니다. 서로 다르게 움직이는 디커플링 현상도 자주 보였다. 비근한 예로 2020년 9월 1일~15일에 코스피는 5.05% 오른 반면, 미국 뉴욕 증시의 스탠더드앤드푸어스S&P 500지수는 2.83% 하락했다.

미국 다우지수가 올랐으니, 또는 나스닥이 내렸으니 한국 증시도 그럴 것이라 생각하고, 거기에 맞춰 주식을 매매하는 것은 잘못된 방법이다. 특히 세간에는 미국의 주가지수, 중국 증시, 유럽 증시, 유가, 환율, 누구의 발언 등

등을 조합해 이래서 시장은 오를 것이라고 하거나 내릴 것이라고 예단한 뒤 베팅을 하듯 매매하는 사람들이 많다. 위험천만한 방식이 아닐 수 없다.

주식시장에 영향을 미치는 요인은 수십, 수백 가지나 된다. 어느 날 갑자기 9.11 테러가 발생하고, 코로나 역병이 창궐하고, 금융위기가 닥치는 것을 정확히 예측할 수 있는 사람은 없다. 수많은 변수들이 얽히고설켜 시장 외부의 환경이 되고, 시장 내부에는 얼마나 매물이 있는지, 매수 강도는 어떤지, 매매 주체들의 사정은 어떤지, 사람들의 심리는 어떤 상태인지가 모두 어우러져 시장 내부의 변수가 된다.

이렇게 복잡한 요인들이 시시각각 다르게 조합이 되어 주식시장에 영향을 미칠 뿐만 아니라, 전혀 예상하지 못했던 9.11 테러 같은 돌발 상황이 주식시장을 강타하기도 하는데 어떻게 시장을 족집게처럼 맞출 수 있을까?

2021년 3월 8일과 9일 이틀간 바이오 종목 '올리패스'는 하한가를 맞았다. 앞서 4거래일 동안 15% 상승률을 보이며 강세를 구가했지만, 비마약성 진통제 신약(OLP-1002)의 호주 임상 1b상 진행 중 특이사항이 발생해 최종 허가를 받을 확률이 10% 수준이라고 공시하자 폭락한 것이다.

결론적으로 내가 어찌할 수 없는 변수에는 신경쓰지 말아야 한다. 콜린 파월 미 연준 의장이 오늘 밤(한국시간) 시장에 좋은 얘기를 할지 나쁜 얘기를 할지 신경쓰지 말라는 얘기다. 내가 컨트롤할 수 없는 것은 아예 신경을 끊어야 한다. 하지만 시장 참여자의 99%는 내가 할 수 없는 부분에 집중한다.

족집게처럼 특정 주가의 향방을 미리 아는 인간은 없다. '주가는 귀신도 모른다'는 증시 격언이 괜히 생겼겠는가. 그럼에도 주식시장에는 족집게 1타 강사들이 넘쳐난다. 바로 내일 어떤 일이 일어날지 아무도 모르는데 말이다.

이들 말을 믿고 수백만 원, 수천만 원어치 주식을 덜컥 샀다가 예측이 틀리면 어떻게 되나? 물타기하며 반등을 기다리다 결국엔 지친다. 이어 시장 급락기가 오면 공포에 질려 주식을 투매한다. 이렇게 내 계좌 현금이 반토막 나는 것이다.

주식시장은 예측하는 것이 아니다. 대응의 영역이다. '4장. 싸움의 기술'에서 잃지 않는 매매의 원칙에 대해 자세히 설명할 것이다.

05 시장이 오르고 내린 가짜 이유가 넘쳐난다

일전에 어느 해외 증시의 수수료율 인상이 한국 증시 하락의 원인이라고 설명한 외부 시황을 읽은 적이 있다. 한국 증시 하락의 이유가 국내 증시의 수수료율 인상도 아니고, 해외 증시의 수수료율 인상과 대체 무슨 관계란 말인가? 주가가 오르고 내리는 것을 시장의 본질적인 측면에서 해석해야지, 외부 충격에 의한 요인만 찾으려고 하다가 발생한 오류다.

모든 매체가 그렇지는 않지만, 언론 매체가 보도하는 대다수의 시황이, 심지어 증권회사에서 나온 보고서조차도 시장의 본질을 해석하지 못할 때가 많다. 그래서 필자는 경제 뉴스는 볼지언정, 누군가의 시황이나 증권회사의 리포트는 그다지 신뢰하지 않는다.

언론 매체는 물론이고, 증권 전문가라는 이들의 시황 분석은 틀에 박힌 데

다가, 일반인이 언뜻 이해하기 어려운 용어를 사용하면서 이럴 수도 있고 저럴 수도 있다는 애매모호한 분석들이 대부분이기 때문이다. 또한 '네 마녀의 날', '5월에는 주식을 팔고 떠나라' 등 미국 증시 상황에 한국 증시를 지나치게 대입해 해석하는 오류도 존재한다.

중요한 것은 매수자와 매도자의 의도를 읽고 그들의 힘겨루기를 이해하는 것이다. 미국 시장이 한국 시장에 영향을 미치는 것은 분명한 사실이나, 전날 미국 주가가 빠진다고 다음날 바로 한국 주가가 빠지는 것은 아니다. 미국 주가를 아예 무시하자는 것이 아니라 지나치게 신경을 쓸 필요가 없다는 것이다. 뉴스를 보면 오늘은 기관이 얼마를 매수하고 외국인은 얼마를 매도했으며 개인은 얼마를 매수했다는 얘기가 나온다. 예전부터 개인투자자들은 기관과 외국인의 매매 동향에 많은 관심을 기울이며, 이것을 시장 등락의 원인으로 꼽는 경우가 많다.

그런데 국내 기관이나 외국인들이 시장이 좋다고 주식을 사고 시장이 나쁘다고 주식을 팔까? 아니다. 기관이나 외국인은 자기들의 기준에 의해서만 주식을 사고판다. 기관은 언제 주식을 사는가? 증권사는 데이트레이딩 업무를 주로 하고 자기매매 자금 규모는 크지 않으므로, 국내 시장의 실질적인 기관은 투신과 기금이라 할 수 있다.

투신이 주식을 사는 이유는 한 가지다. 펀드로 돈이 유입되었기 때문이다. 투신이 주식을 파는 이유도 한 가지다. 펀드에서 돈이 유출되었기 때문이다.

투신의 주식형 펀드는 계좌의 90%를 주식으로 편입해야 한다. 현금은 10%만 보유한다. 그래서 펀드 자금이 유입되어 현금 보유 비중이 10%가 넘어가면 주식을 사야 하고, 펀드 자금이 유출돼 현금 보유 비중이 10%가 안 되면 주식을 팔아서 고객에게 돈을 내줘야 한다. 투신이 사러 들어가면 주가가 올라가니 계속 펀드에 자금이 유입될 것이고, 투신이 매도하면 주가가 내려가니 펀드에서 자금이 빠져나가는 추세가 될 것이다. 시장 상황과 관계없이 그들의 원칙에 의해 매매가 이루어지는 경우가 많다.

이는 외국인도 마찬가지다. 외국인은 특히 환율에 민감하다. 환율이 오르면 외국인은 환차에 의한 손실을 줄이고자 매도세를 보이는 경우가 많으며, 환율이 내리면 환차익을 보고자 매수세로 전환하는 경우가 많다. 특히 원달러 환율이 1,200원 이하에서 안착할 경우, 외국인은 매도에서 벗어나 매수로 전환한다.

시장에 존재하는 수많은 정보 속에서 진짜 시장이 움직이는 이유를 찾고 싶은 개인투자자라면 외부 정보에 너무 의존하지 말기를 바란다. 얕은 정보에 휘둘리지 말고 시장의 본질적 요소에 집중하자.

홍성학의 장중일기

불안한 투자 심리, 다수 매체가 그 근원

개인투자자들의 불안한 투자 심리의 근원은 다수의 매체를 통한 불안 심리 조성에 있다. 시장 참여자들이 시장에 대한 명확한 이해가 부족한 상태에서, 다수의 매체를 통해 접하는 주식시장과 관련된 부정적 견해들에 함몰되었기 때문이다.

:: 2020년 7월 30일 오전 시황

06 기관, 외국인이 시장의 중심?

"기관이 파는 바람에 주식시장이 오르지 못하고 어렵다"라는 말을 심심찮게 듣는다. 기관과 외국인이 매도해 주식시장이 하락했다는 시황 기사도 넘쳐난다. 일견 맞는 말이다. 하지만 개인투자자들은 힘이 없고 투자 규모도 작아서 시장의 방향을 결정짓는 주체는 기관과 외국인이라는 속설은 점점 틀린 것이 되고 있다.

2020년 한 해 동안 기관은 15조 4,294억 원을 순매도했다. 외국인은 2,010억 원 순매수하는 데 그쳤다. 반면, 개인은 15조 5,131억 원을 순매수했다. 기관이 줄기차게 팔았음에도 주식시장은 지수 기준으로 무려 두 배나 올랐다. 시장의 중심 세력은 기관과 외국인이 아니라 개인투자자라는 것을 보여준다.

지난 2007년 우리 시장에서 외국인의 매도 규모가 30조 원을 넘어가는 과정 중에도 급격한 상승이 이어질 수 있었던 요인 역시, 개인투자자 등 국내 시장으로의 자금 유입이 약 110조 원 이상 증가했기 때문이다.

힘세진 개미, 거래대금 70% 차지
테마주 대신 우량주 담았다

개인투자자가 확 달라졌다. '개미'로 불리며 외국인과 기관투자가에게 무력하게 당하던 과거 모습과는 확연히 다르다고 증권가에선 입을 모은다. 이들이 활용하는 자금력만 봐도 차이가 드러난다. 13일 금융투자업계에 따르면 개인투자자의 하루 평균 거래대금은 올해 6월 20조 5,000억 원, 8월엔 26조 원으로 껑충 뛰었다. 작년 12월(6조 3,000억 원)과 비교하면 3~4배 수준이다.

하루 평균 주식 거래 대금에서 개인들이 차지하는 비중은 그새 60% 선에서 75%대까지 급증했다. 개미의 몸집이 한층 커진 것이다. 개인투자자를 포함한 증시 대기성 자금인 투자자 예탁금은 61조 원대로 증시에 언제든 들어올 수 있는 실탄도 두둑하다. (중략)

김학균 신영증권 리서치센터장은 "개인투자자가 올해처럼 주요한 투자 주체로 부각된 것은 1992년 자본시장 개방(외국인이 국내 상장사 주식을 직접 매입하는 것을 허용) 이후 28년 만에 처음 있는 일"이라고 말했다. (중략) 김 센터장은 "개인투자자가 올해처럼 주가가 떨어지면 매수하고 오르면 매도한 사례는 없었다"면서 "여러 채널로 투자 정보를 접하고 개인들이 직접 투자에 나서는 것으로 보인다"고 전했다.

:: 매일경제 2020년 12월 13일, 김규식 · 김인오 기자

개인투자자들은 모래알처럼 흩어져 제각각 매매한다. 숫자와 투자금액을 놓고 보면 가장 큰 매매 집단이지만, 원자처럼 어디로 튈지 모르는 독립적인 매매 주체다. 반면, 기관과 외국인은 펀드 등을 통해 펀드 매니저들이 수백

억, 수천억 원의 돈으로 주식을 사고판다. 이들 펀드 매니저들은 서로 긴밀히 소통하며, 어느 자산운용사 펀드가 어떤 종목을 샀다고 하면 우르르 따라서 사는 속성을 보인다.

특히 국민연금을 비롯한 기관들은 내부 주식 운용 규정에 의해 주식 편입 비율이 정해져 있다. 주가가 올라 이 비중을 넘어서면 비중을 맞추기 위해 주식을 팔아야 한다. 그러다 보니 지난해 주가가 오르는 동안 기관들은 순매도를 할 수밖에 없었다.

외국인 역시 일정한 룰에 따라 한국 증시에서 매매를 하는데 가장 중요한 기준이 환율이다. 외국인들은 환차익, 또는 환차손을 감안해 원달러 환율 1,210원 이하에서는 한국 주식을 사고, 그 이상 올라가면 매도 포지션을 취하는 경향이 있다.

기계적으로 종목들을 편입하는 프로그램 매매도 기관들 몫이다. 선물과 현물 간 가격 차이에 따라 자동으로 주식을 사거나 파는 것이다.

이들 기관과 외국인들이 2020년 한국 증시에서 순매도로 일관하며 시장 하락 요인으로 작용한 것에 비춰보면 이들을 과대평가하는 것은 잘못된 일이다. 시장 환경이 바뀌었는데도 여전히 개인은 별반 힘이 없고 기관과 외국인이 팔기 때문에 주식시장이 어렵다는 잘못된 주장을 하는 전문가들이 적지 않다.

시장의 키는 개인··· 1992년 자본시장 개방 이후 최초의 사건

복잡하게 생각할 게 없는 시장이다. 코로나로 인한 경제 환경, 시장 환경 모두 좋지 못한 상태이다. 그러나 이미 그러한 부분은 시장에 선반영된 상태이며, 불안정한 시장 여건에 대해 시장 참여자 모두가 인지하고 있다. 비록 외국인의 공격적인 매도가 이어지고 있고, 국내 기관은 기관으로서의 역할을 하지 못하고 있다고는 하지만 이러한 대외 여건의 불리함, 시장 내 수급 불균형에도 불구하고 '왜 시장은 하락하지 않는가'에 대한 이유를 명확하게 알고 있어야 할 것이다.

지금 시장의 키는 개인이 갖고 있으며, 외국인과 기관의 매물을 개인들이 모두 담아가는 상황이다. 이는 1992년 자본시장 개방 이후 나타난 최초의 사건이며, 2020년은 국내 주식시장 환경의 변화가 시작된 원년이라 할 수 있다. 해외 시장이라는 변수의 역할이 감소하게 되는 이유도 될 수 있다.

:: 2020년 5월 15일 오후 시황

메뚜기 한 마리는 미약하지만 메뚜기떼는 강하다

메뚜기 한 마리는 아무런 힘이 없으나, 대규모 메뚜기떼는 마을을 초토화한다는 것을 우리는 잘 알고 있다. 올해 시장에 참여한 신규 참여자들은 결국 추가의 시장 참여자를 만들어내는 효과를 보여줄 것이다.

40조 원대의 고객예탁금을 그 누가 상상이나 했을까? 하지만 이미 작년부터 그러한 조짐은 나타나고 있었다. 앞으로 얼마 만큼의 자금이 추가로 유입될지 아무도 알 수는 없으나, 현재 진행되는 상황으로 볼 때 순수 고객예탁금 100조 원 시대가 도래할 가능성은 매우 높아 보인다.

기관의 힘은 시간이 갈수록 약화될 것이며, 원달러 환율 추이에 따라 결국 이 시장은 개인과 외국인의 협조하에 큰 상승을 기록하게 될 것이다. 원달러 환율이 1,210원 이하로 가게 되면서부터 외국인은 시장의 안전판 역할을 할 것이며, 개인은 그 안전판 위에서 신나는 칼춤을 추며 시장을 지배할 것이다. 그리고 그 대상은 종목들이다.

:: 2020년 5월 18일 오후 시황

금융시장의 헤게모니가 바뀌었다, 게임스탑 사태

미국 시장에서 게임스탑의 공매도에 대한 개인들의 집단 반발로 인한 급등세가 펼쳐짐에 따라, 게임스탑에 공매도한 헤지 펀드의 손실 규모가 22조 원을 넘어서는 상황이다. 이런 가운데 공매도에 대한 숏커버링(요즘 용어로 숏스퀴즈)이 발생할 수밖에 없는 상황이 펼쳐졌고, 국내 시장에서도 공매도 잔량이 많은 셀트리온을 비롯한 주요 종목들의 시세가 게임스탑의 흐름에 동참 중이다.

시장 참여자뿐 아니라 일반적인 시각에서, 현재 게임스탑의 주가 움직임은 비이성적인 상황임에는 분명하다. 또한 절대다수의 시장 참여자들은 게임스탑의 주가가 조만간 폭락을 피해갈 수 없을 것이라 단정하고 있다. 이 또한 사실이다. 그러나 현재 전개되고 있는 상황은 지난 200년간 이어져 온 금융시장 내 헤게모니의 전환이 이루어지고 있음을 보여준다.

그동안 다수의 개인, 은행, 연금 등의 자금을 모아 전문적인 운용 전략을 토대로 시장을 지배해왔던 기관(외국인 포함) 투자가들이 본인들의 배만 불려왔던 구조가 변하고 있다. 개인들이 직접 투자를 통해 시장 참여를 하는 과정에서, 다수 개인들의 이합집산화된 매매가 집중화되어가고 있는 것이다. 특히 이전 기관투자자(외국인 포함)들 간의 이해와 그들만의 정보와 교류에 의해 집중화되어 왔던 기관의 매매가 이제는 일반 개인에게 전이되어 진행되고 있다.

스마트한 세상에서 온전히 공개된 정보와 정보 공유가 가능한 다양한 플랫폼의 등장이 이러한 현상을 초래하고 있다. 전문 투자 집단이라 할 수 있는 기관(외국인 포함)

들이 독점하던 고급 정보는 사실상 개인들이 외면해왔던 일반적인 수준의 지식에 불과하다. 이제 개인들이 시장에 대한 이해와 더불어 더욱 스마트해짐에 따라, 기관의 펀드 매니저와 비교해 전문적인 부분은 다소 부족해도, 실제 시장을 바라보는 부분은 어느 정도 비슷한 수준을 넘어 더욱 뛰어난 이들도 존재한다고 봐야 한다. 일반 개인들은 이러한 셀럽들에 환호하며 기꺼이 동참하고 있다.

이는 그동안 시장에 형성되어 왔던 구조에서 탈피하여 새로운 시대로 전환되고 있음을 보여준다. 다분히 기존 시장의 관점에서 접근할 경우, 게임스탑의 주가는 말도 되지 않는 상황이다. 하지만 주식시장은 항상 말도 되지 않는 상황들이 현실로 나타났고, 시장 참여자들 또한 말도 되지 않는 상황을 받아들였던 것이 금융시장의 역사이다.

따라서 현재 전개되고 있는 게임스탑의 주가 움직임은 새로운 세상의, 즉 새로운 금융시장의 새 역사를 시작하는 트리거일 수 있다는 점을 명심해야 한다.

:: 2021년 2월 1일 오전 시황

게임스탑 현상, 금융시장 새 역사 시작하는 트리거

2021년 1월, 미국에서는 대형 헤지 펀드의 공매도에 맞서 레딧을 중심으로 한 개인투자자들이 '게임스탑'이라는 종목을 대거 매수해 주가가 1,784% 상승하는 일이 벌어졌다. 6개월 전만 해도 4달러대에 머물던 주가가 1월 27일 347달러까지 오르기도 했다. 미국 기관투자가들은 이런 투기성 매매는 어리석은 짓이라고 비판했지만, 당시 공매도를 했던 헤지 펀드들은 심대한 손실을 입고 휘청거렸다.

게임스탑은 347달러를 기록한 지 3주 만에 40달러로 뚝 떨어져 개인투자자들도 큰 손실을 보았다. 이런 현상에 대해 미 증권 당국은 규제를 가하며 제동을 걸고 나섰다.

게임스탑 사태는 헤지 펀드 등 월가로 대표되는 기관투자가들이 좌지우지해오던 주식시장의 판이 전변하고 있다는 시그널로 해석해야 한다. 2020년 미국의 개인 직접투자 비중이 10%에서 30%로 늘어난 것은, 한국 증시의 개미군단 대거 진입과 궤를 같이 한다. 과거 정보를 과점하며 '정보의 비대칭' 특혜를 누리던 기관투자가들을 상대로, SNS를 적극 활용하고 스마트 기기를 잘 다루는 개인투자자들이 집단적인 투자 행위를 하면서 시장의 중심으로 부상하고 있다고 봐야 한다.

캐시우드 신드롬…
주식시장도 셀럽이 부상한다

2020년 미국에서 급부상한 '캐시우드'(돈나무) 현상도 주목할 사안이다. 스마트 개미들이 과거 명성이나 권위를 갖고 있는 기존 대형 펀드 대신 신설 펀드에 돈을 투자하면서 새로운 흐름을 낳고 있다.

여성 CEO인 캐서린 우드(일명 캐시우드)가 2014년 설립한 아크 인베스트먼트(ARK Investment) 자산운용사는 지난 1년 만에 5조 원 규모였던 운용자금이 50조 원으로 급증했다. 이 회사는 유명 투자자들이 만든 헤지 펀드가 아니라 ETF를 앞세운 자산운용사로 테슬라 등 성장주에 운용 중인 ETF 7개 중 5개가 수익률 100% 이상을 기록했다.

일종의 '셀럽'인 캐시우드는 개인투자자들의 가려운 곳을 짚어준 사람이다. 개인투자자들은 무명의 캐시우드에게 열광하며 ETF에 돈을 넣고 있다. 반면, 기존 권위를 자랑하는 펀드들은 게임스탑 사례처럼 대중들의 반감 속에서 서서히 과거의 위상과 역할이 축소되고 있다.

07

펀드 매니저가
주식을 잘한다고?

펀드 매니저는 주식 시장의 프로로 불린다. 많은 개인투자자들이 동경하고 선망한다. 그들은 주식에 대해 모르는 것이 없으며, 절묘한 타이밍에 매매하고 매매 수익률 또한 엄청날 것이라고 생각한다. 과연 그럴까?

펀드 매니저들도 주가가 빠지면 일반인들처럼 물타기 저가매수를 열심히 한다. 오랜 기간 손실을 기록하다 본전에 도달할 경우엔 대부분 적극적인 매도 대응을 한다. 펀드당 보유 종목수는 200~300개 정도이며, 펀드 매니저 1인당 관리하는 펀드 개수는 전 세계에서 우리나라가 가장 많다고 한다.

자산운용사의 펀드 매니저 1인이 관리하는 펀드는 적게는 수십 개에서 많게는 수백 개이며, 펀드 내 종목수 역시 수백 개가 기본이다. 실제 적절한 관리가 이루어지기 힘든 구조다.

대다수 펀드의 목표는 코스피지수를 벤치마크(BM)한다. 시장수익률보다 조금이라도 나은 수익률을 기록하는 데만 온 신경을 쓴다. 절대 수익률이 아닌 상대 수익률을 추구하는 것이다. 절대 수익이 아닌, 코스피지수를 추종하고 있기에 일반 개인투자자들의 기대 욕구를 충족시킬 수가 없다.

최근 미국의 캐시우드가 이끄는 아크인베스트먼트가 전 세계 개인투자자들에게 선풍적인 인기를 구가하고 있는 이유가 바로 시장을 추종하지 않고 절대 수익을 추종하기 때문이다. 기존 업계의 관습에서 벗어나 독창적인 펀드 운용을 하고 있다는 점도 어필 포인트이다.

서울 여의도의 자산운용 시장에서 '부익부 빈익빈' 현상은 뚜렷하다. 펀드 매니저들 사이에서 가장 큰 펀드와 가장 성과가 좋은 펀드를 따라 하는 행태는 수십 년째 이어지고 있는 현상이다. 펀드 고유의 색깔은 없다.

투자자문사들 역시 마찬가지이다. 대부분의 투자자문사에서 활동하는 운용자들 또한 자산운용사 출신이 대부분이기에 기존 자산운용사의 운용 방법이 그대로 복제되고 있다.

펀드 매니저는 펀드로 돈이 유입되면 성과가 좋아지고, 돈이 유출되면 성과가 나빠진다. 즉, 펀드 매니저 개개인의 능력보다는 시장 전체의 흐름과 그로 인한 개인투자자들의 자금이 주식시장으로 유입될 때 그들의 파워가 드러나게 되는 것뿐이다. 개개인의 시장 파악 능력과 개별 종목들에 대한 뛰어난 피킹 능력, 매매 능력은 사실상 기대하기 어렵다.

또한 거대 자본을 운용하고 있기에 증권사의 주요 고객에 해당하므로, 증권사 리서치 부문의 도움을 직간접적으로 상당히 받고 있다. 사실, 주식의 본질에 대한 이해와 시장 상황을 면밀하게 읽어내기보다는 여의도의 자산운용

인력들 간의 시류에 의해 매매가 이루어지고 있다고 해도 과언이 아니다.

본인의 생각보다는 업계의 전체 분위기에 편승하게 되고, 단기적으로 본인들의 운용자금이 시세에 영향을 미치는 부분이 있기에 그들은 자신들이 시장을 지배하고 있다고 착각한다. 그러나 사실은 주식을 잘 모르는 일반인들과 별반 차이가 없다고 봐도 된다.

주식시장이 개장하면 당일의 타 기관과 외국인은 어떤 종목을 사는지 혹은 파는지 등 동향을 파악하는 것이 그들의 주된 일과다. 펀드 매니저 출신의 전업투자자가 많지만, 그중 크게 성공한 사람은 매우 드문 것이 그 사실을 뒷받침하고 있다.

펀드 매니저란?

가장 대표적인 펀드 매니저는 자산운용사의 주식형 펀드를 운용하는 사람이다. 이뿐 아니라 국민연금, 공무원연금, 사학연금, 군인공제회 등 연기금의 자산운용 매니저, 그 외 각 보험사, 시중은행과 농협, 수협, 축협, 새마을금고 등의 일반 예금 기관에서 고유자산, 신탁, 변액보험 등을 운용하는 매니저가 있다. 일반 개인의 계좌를 위임 관리해주고 고유자산을 운용하는 투자자문사의 매니저, 그리고 증권사의 고유자산을 매매하는 딜링룸의 트레이더와 ETN 등의 파생상품과 개별 랩을 구성해서 운용하는 매니저 등을 통칭해서 펀드 매니저라 부른다.

이 중 자산운용사에서 설정·판매하는 ETF가 최근 가장 핫한 부분이며, 이는 대체로 시장을 추종하는 인덱스 펀드, 즉 패시브 운용 부분이다. 추종 지수에 따라, 지수의 구성과 동일하게 시가총액 순위로 종목들을 편입·편출 관리하기에 펀드 매니저의 개인적인 역량은 그다지 중요하지 않다. 대체로 팀으로 운용되고 있으며, 설정된 지수를 추종하는 구조이다.

반면, 펀드 매니저 개인의 역량에 의해 운용 성과가 달라지는 액티브 펀드와 약 200여 업체 이상의 투자자문사는 개인 고객별 맞춤 매매를 통해 시장 대응을 하고 있다. 이들의 특징은 개별 기업의 펀더멘털을 가장 중요한 지표로 투자한다는 것이다. 하지만 대부분 주가가 움직이지 않을 때는 펀더멘털, 움직이기 시작하면 모멘텀 플레이를 겸하고 있다. 즉 해당 기업의 펀더멘털을 중시하나, 그때그때 기준이 조금씩 모호해지는 경향이 있다.

08 증권사 리서치가 뒷북인 이유

    증권사 리서치센터에서는 수많은 애널리스트들의 보고서가 하루에도 수십 개씩 발표된다. 또한 이들의 보고서가 발표되는 날, 해당 종목의 주가는 상당히 강한 움직임을 보여주는 것이 보통이다.

    특히 대형 증권사와 이름이 알려진 애널리스트의 보고서일 경우 주가에 미치는 영향은 상당하다. 해당 업황과 기업에 대한 각 섹터별 애널리스트의 이해도는 주식시장에 참여하고 있는 수많은 거래자들에 비해 월등히 앞서고 있는 것은 사실이다. 또한 그들은 담당 섹터의 전문적인 학위도 가지고 있다. 그런데 특이한 점은 그들의 보고서 내용이 대부분 비슷하다는 것이다.

    물론 동일한 기업을 대상으로 작성된 보고서이기에 내용상 다른 점을 찾기 어려운 것일 수도 있지만, 해당 기업에 대한 분석은 개별적 차이가 존재해야 한다. 예를 들어 매출만 놓고 볼 때도, 매출의 특성과 거래처 등에 대한 세세한 분석이 필요하고 기업별로 중요도가 다를 수 있기에 일반적 관점에서 동일하게 적용하기 어려운 부분들에 대한 자세한 분석이 필요하다. 하지만 현재 발표되고 있는 기업보고서는 대부분 비슷비슷한 내용들로 채워진다. 이는 애널리스트의 개인적인 분석 툴이 아닌 업계의 정형화된 보고서 툴에 의해 작성되기 때문이다. 또한 대부분 개별 기업에 대한 보고서는 분기 실적 등 단기적 성과에 집중하는 경향이 크다.

이는 보고서의 방향 자체가 개인투자자가 아닌 기관투자가에 포커스를 맞추고 있기 때문이다. 증권사의 가장 큰 고객은 개인투자자인데, 기관투자가와 일반 개인투자자에 대한 증권사의 대접은 사뭇 다르다. 주요 종목들의 보고서가 발표되는 과정에 기관투자가의 입김이 어느 정도 작용한다고 보아야 할 것이다.

특정 기관투자가가 관심을 갖고 있는 기업, 혹은 비중이 높게 편입된 기업에 대한 보고서의 내용이 실제보다 조금 더 디테일하거나 부풀려져 있을 수도 있다. 증권사에서 개별 기업의 보고서가 발표된 후, 해당 기업의 주가는 시장보다 강한 반응을 보여준다. 그러나 특이점이 있다. 바로 그날 일반 개인들은 대규모 매수를 행하고, 국내 기관투자가들은 대부분 매도로 대응한다는 점이다.

일반 개인투자자들과 달리 국내 기관투자가들은 운용자산에 웬만한 종목은 다 가지고 있기 때문에, 주가의 변동성이 나타날 때 보유 주식의 비중을 적절히 조절하는 것은 매우 정상적인 활동이다. 하지만 유독 증권사의 보고서가 발표되고 주가의 움직임이 시작되는 그 시점에, 국내 기관투자가들이 여유롭게 매도 대응을 한다는 점은 조금 유의해서 봐야 할 대목이다.

아울러 증권사의 보고서 중에서도 개별 기업에 대해 자세한 설명을 하는 보고서는 매우 중요하다. 해당 기업에 대한 조사나 분석 능력이 부족한 절대다수의 시장 참여자가 해당 기업에 대한 공부와 이해를 하기 위해서는 더없이 유용한 자료가 된다. 그러나 단편적인 분기 실적이라든가 단기적 적정 주가에 대한 평가를 다룬 보고서는 사실 별 쓸모가 없다.

이런 보고서를 작성하는 애널리스트는 자신이 담당하는 산업과 기업에 대한 이해는 상당할 수 있지만, 실제 시장 자체에 대해서는 이해도가 부족하다. 기업 분석을 할 때 가장 큰 오류는 시장에 대한 이해가 부족할 때 생긴다.

주식시장은 새로운 것에 대한 관심이 높다. 또한 잘 모르고 있던 부분에 대해 환호하는 곳이기도 하다. 절대다수의 시장 참여자들이 관심을 가지고 해당 산업과 기업에 대한 투자가 이루어진 후에는, 웬만한 일반 투자자들도 해당 산업과 기업에 대한 이해도가 상당히 높아지게 된다.

해당 기업의 본질적 가치에 변화가 없었음에도, 시장에서 해당 산업과 기업에 대한 관심이 높아지거나 특정 사유들로 인해 주가의 리레이팅 현상이 발생할 경우도 있다. 이럴 때는 주가의 높은 변동성과 상관없이 애널리스트의 뚝심 있고 일관된 내용의 보고서가 필요하지만, 현실은 전혀 그렇지 못하다.

시장에서 가격 변화가 급속히 진행되는 시기에는 특정 기업의 적정 주가 변화를 짧게는 일주일, 조금 길게는 한 달 만에 2배 이상 높이는 보고서들이 상당히 많다. 그렇다 보니 투자자 입장에서는 해당 보고서에 대해 전혀 신뢰를 가질 수 없다. 보고서의 적정 주가 변화가 시장 참여자에게 미치는 영향에 대해 애널리스트들이 모를 리 없다. 그럼에도 불구하고 주가의 움직임에 따라 적정 주가의 변화를 큰 폭으로 수정한다는 것은 해당 산업과 기업에 대한 깊이 있고 심도 있는 분석보다는 시장에 의존하고 있음을 말해준다.

여의도는 수많은 펀드 매니저와 애널리스트, 그리고 브로커가 공존하는 곳이다. 이들은 대부분 특정 학교, 지역 등의 선후배 관계로 연결되어 있다. 따라서 아주 공정한 룰에 의해 모든 일들이 진행되고 있다고 객관적으로 판단하기는 매우 어려운 것 또한 사실이다.

아무튼 증권사에서 발표하는 특정 산업과 기업의 보고서는 해당 산업과 기업에 대한 기본적인 이해를 위해서는 많이 보는 것이 좋다. 그러나 단기 실적에 대한 평가와 적정 주가에 대한 보고서들은 보지 않는 것이 오히려 유리하다고 할 수 있다.

아울러 한 애널리스트가 맡은 종목의 수가 너무 많아서 '수박 겉핥기' 식에 그치는 경우가 많다. 그럴 수밖에 없는 것이, 미국의 경우 한 애널리스트가 한 종목만 분석하는 경우가 많으며 많아야 두 종목 정도이다. 우리나라는 한 애널리스트가 수십 개의 종목이 담긴 한 분야를 모두 분석한다. 연차가 오래된 노련한 애널리스트라도 쉽지 않은 일이다.

필자는 그런 보고서를 읽을 바에는 회사의 공시나 사업보고서를 훑어보거나, 필자가 직접 개발한 울티마 시스템 속의 무수한 데이터들을 분석하며 시장 전체의 상황을 머릿속에서 꿰맞추는 일을 즐겨 한다. 필자는 매일매일 시장 전체 종목의 주가를 살펴보고 등락의 이유를 결코 멀리서 찾지 않는다.

호평 일색의 리서치 자료, 시세를 뒤따라가기 때문

현재 시점에서, 최근 급등 후 하락폭이 확대된 종목에 대한 호평 일색의 리서치 자료들이 넘쳐나고 있다. 이 또한 매우 정상적인 상황이다. 그 호평들은 시세를 이끌어 가는 것이 아니라, 시세를 뒤따라가기 때문이다.

:: 2020년 6월 30일 오전 시황

공매도의 역설

공매도는 주가가 하락할 것을 예상해 주식을 미리 팔고, 더 싼 가격으로 주식을 빌려 메꿔 넣는 매매 기법을 말한다. 공매도 때문에 주가가 하락한다는 비판이 높아지자 증권 당국은 2020년 3월 공매도를 6개월간 금지하는 조치를 취한 후, 9월과 이듬해인 2021년 3월 이를 다시 연장한 바 있다.

우월적 지위를 이용한 기관들이 공매도를 통해 부당 이득을 취한다는 부정적 인식이 팽배하다. 하지만 공매도가 일시적으로 주가 하락을 초래할 수 있지만, 공매도로 인해 주가가 억눌렸다가 다시 강하게 반등하는 경향도 무시할 수 없다.

매도 포지션은 수익은 한정돼 있는데 손실은 무한대로 볼 수 있는 매매 방식이다. 주가는 무한정 내려갈 수 없지만, 주가 급등으로 10배 이상 오르는 것처럼 상승은 무한대가 된다. 게임스탑 현상에서 보듯 주가가 급등하면 공매도 세력은 큰 손실을 볼 수밖에 없다.

돈은 언제나 주식보다 많다. 삼성전자는 총 59억 6,978만 주로 발행 주식 수가 정해져 있지만, 삼성전자를 사고자 하는 돈은 정해져 있지 않다. 시장 상황에 따라 매수 금액이 늘었다 줄었다 한다. 무한대로 열려 있는 상승 때문에 손실은 무한대가 되므로 공매도하는 사람들은 죽게 되어 있다.

홍성학의 장중일기

공매도가 재개되면 주가는 하락? 그렇지 않다!

단편적으로 공급 물량이 증가함에 따라 주가의 탄력은 줄어들 수 있지만, 그것은 어디까지나 시장의 약세 국면하에서 그렇다. 강세 국면에서 공매도는 추가 매수세가 강화된다는 것을 의미한다. 공매도가 무서워 주식을 매도한다면 얼마든지 매도해도 될 것이다. 다만, 그 이후 매우 높은 추가 비용을 들여야만 기존의 주식을 다시 가질 수 있다.
현재의 시장 기조는 변함이 없으며, 더더욱 강화되고 있는 중이다.

:: 2021년 1월 21일 오전 시황

Chapter
03

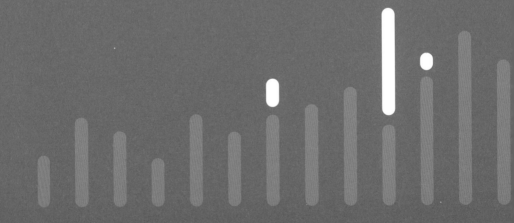

대다수 바보들이 사는 곳, 주식시장

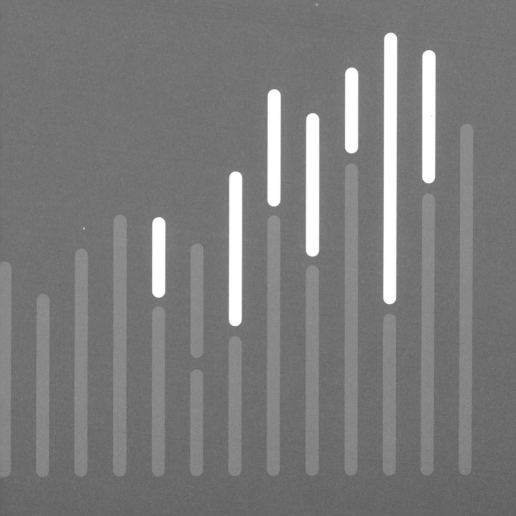

내가 팔면 오르는 이유

주식투자자들 열이면 열 겪는 일이 있다. 내가 사면 빠지고 내가 팔면 그때서야 오른다는 것이다. 착시라고 생각할 수 있다. '남의 떡이 더 커 보이는 심리 아니겠느냐'는 단순한 분석이다. 하지만 내가 산 주식이 참다 참다 못해 팔아 버리자 오르는 데는 과학적인 이유가 있다.

내가 팔면 오르는 이유는 간단하다. 나처럼 비슷한 시기에 주식을 팔아버린 사람들이 많기 때문이다. 정확히 말하면, 팔 매물이 다 나와서 더 이상 나올 매물이 없어진 것이다.

주식이 오를 때, 정확히 말해 기세 좋게 급등하는 종목의 '눌림목'이 나타나면 '일시적 조정 아니냐'는 판단에 과감히 매수에 나선다. 또 '오르는 말에 올라타라'는 증권가 격언에 따라 상당히 오른 상태이더라도 추격 매수를 한다.

이렇게 많은 사람들이 주식을 사니까 주식은 더 오르고 5배, 10배 오를 것처럼 보인다. 하지만 어느 순간부터 매수세는 약해지고, 시세가 둔화되면서 차익 실현에 나서는 매물이 줄줄이 나온다. 주가는 흘러내리고, 시간이 지날수록 사는 사람보다 파는 사람이 늘어나 주가는 속절없이 미끄러져 내려가고만다.

이때 고점에서 주식을 산 사람들은 매입 단가를 낮추기 위한 물타기에 나선다. 내리면 더 사고, 이익이 난 다른 주식을 팔아 물타기를 하며 버틴다. 이렇게 시간이 흐르다 보면 시장이 크게 출렁이면서 내 주식이 더 빠지거나, 아니면 시장은 오르는데 내 주식만 못 오르는 답답한 상황에 직면한다.

사람들의 인내심은 각자 다를 것이다. 하지만 인내심의 한계는 무한정이지 않다. 결국 버티다 버티다 사람들은 하나둘 주식을 팔기 시작한다. 그러다 시장이 급락하는 날이라도 오면 더 손실이 날 것을 두려워해 주식을 투매한다.

이렇게 주식 매물이 급격한 투매 방식으로 나오든, 서너 달 이상 지지부진하는 사이 매일 조금씩 나오든, 어느 시기가 되면 그동안 물린 사람들은 다 그 주식에서 떠나게 된다. 그럼 어떤 일이 생길까?

매물이 줄어드니 조금만 '사자'가 나와도 주식은 오른다. 매물이 정리됐으니 새로운 매수자들이 들어와 주식을 사기 시작하면 주가가 꿈틀꿈틀 오르다 쑥쑥 분출하는 것이다. 이를 지켜보는 매도자들은 새 주인들한테 넘어간 자기 주식을 보며 땅을 치게 된다. 이게 내가 팔면 바로 오르는 이유다.

그렇다면 언제까지 버텨야 하며, 고점 추격 매수를 피할 수 있는 판단 기준 내지는 방법은 무엇일까? '4장. 싸움의 기술'에서 자세히 다루겠지만, 일단 사서 물리면 잘라야 한다.

어떻게 해야 사서 물리지 않을 수 있을까? 상승 추세가 시작할 때를 노려야 한다. 즉 추세 추종 매매를 해야 한다. 이를 위해서는 예측하려고 하지 말고, 결과를 놓고 대응하는 대응 매매가 필요하다.

팔 사람들이 다 팔고 나면 빠른 상승 반전이

금일 반등을 기대하고 있는 대다수의 시장 참여자들은 반등 시 새로운 매수의 대응보다는 반등하면 팔겠다는 생각을 가지고 있기에, 금일 오전 상승세를 보여주자마자 매물들이 빠르게 나타났다. 오늘 오전은 반등으로 시작하더라도, 다시 한 번 맞는 상황이 연출될 것이며, 그때 하락의 속도는 빨라야 한다. 모두가 시장에 대한 기대 자체를 버리게 만들어야만 완전한 매물 정리가 이루어지기 때문이다.

현재 시장에 그러한 흐름이 나타나고 있다. 또한 이번 주 내내 진행된 큰 폭의 하락과 전일 급락으로 인해, 금일은 소폭의 하락을 보여도 시장 참여자들은 매우 민감하게 반응하게 된다. 따라서 오전에 최대한 하락폭이 빠르고 크게 전개될수록 시장 반전이 임박했다고 보아야 한다.

오전은 팔 사람들 모두 원 없이 팔게 해주는 시장이다. 팔고자 하는 사람들이 모두 팔고 나면 시장은 빠른 상승 반전을 보여준다. 수많은 투자자들이 항상 얘기하는 "내가 팔면 올라간다"의 이유가 바로 이것이다.

:: 2020년 9월 25일 오전 시황

02

손실은 자르고
이익은 키우라는데

주식시장에 데이 트레이더들이 넘쳐난다. 몇 초 만에 파는 초단타 매매도 흔하다. 이익이 났었는데 잠시 고개를 돌린 순간 하락 반전한 뒤 이익이 다 사라지거나 조금만 남게 되는 안타까운 일을 한두 번 겪은 것이 아니다. 심지어는 손실 구간으로 들어가 끔찍한 손해를 보기도 한다.

그래서 이익이 조금만 나면 팔기 바쁘다. 바로 주식을 처분해 이익을 확정 짓지 않으면 이익금이 물거품처럼 사라질 것만 같다. 그런 상황을 반복해 겪다 보면 단타가 현명한 매매 기법이라 확신하게 된다.

또 일부는 전업 투자자처럼 매일 3% 정도 이익만 내면 매우 훌륭하다고 판단한다. 30%도 아니고 10%, 5%도 아닌 그저 2~3%만 먹는 건데 그걸 못 하겠느냐는 근거 없는 자신감도 작용한다. 원금 1억 원으로 하루 2%만 먹으면 20만 원이고, 여기에 한 달 거래일인 20을 곱하면 무려 400만 원이 될 텐데, 큰 욕심 부리지 말고 그저 하루 2%만 먹자며 단타야말로 최상의 매매 기법이라고 강조한다. 하지만 결과는 어떨까?

대개 사람들은 3, 5, 10% 이익이 날 때마다 매도 욕구를 강하게 느낀다고 한다. 이익이 달아날까 봐 빨리 팔아서 현금으로 바꾸고 싶어 안달이 난다.

문제는 2~3% 먹겠다고 들어갔는데, 바로 밀려서 3~5% 빠지는 일이 흔하다는 점이다. 간혹 갑자기 급락세로 돌변해 10% 이상 빠지거나 하한가까지 밀려버리는 일도 발생한다. 이렇게 되면 며칠 2~3% 이익을 챙기다가 한꺼번에 본전이 되거나 손실을 보는 처지가 된다.

큰돈을 넣은 종목일수록 본전 생각에 쉽게 손절매를 하지 못하고, 물타기를 하게 된다. 그러다 더 빠지면 손실은 눈덩이가 된다.

'손실은 자르고, 이익을 키워 가라'는 매매 원칙과는 정반대의 길로 가게 되는 것이다. 그 길의 끝에는 주식시장을 완전히 떠나거나, 막대한 손실을 입고도 다시 한 방을 노리며 투기성 매매에 나서는 슬픈 자화상이 남을 뿐이다.

그렇다면 어떻게 매매해야 하나? 손실이 난 종목은 말 그대로 기계적으로 손절매해야 한다.

이익이 나고 있는 종목은 꼭지를 확인할 때까지 절대 자르면 안 된다. 고점이 어디인지 모르므로 고점을 찍고 나서 어깨쯤에서 팔면 된다. '무릎에 사서 어깨에 팔라'란 증시 격언이 그냥 나온 말이 아니다.

얕은 이익에 만족해 이익의 싹을 자르지 말아야

계좌의 크기가 확대되기 위해서는 얕은 이익에 만족해 이익의 싹을 자르지 말아야 한다. 이익이 발생하는 종목들은 이익을 키워 가야 하고, 저조한 움직임을 보여주는 종목은 점차 줄여나가면서 시장의 중심에 자리잡을 수 있게 만들어야 한다.

'무엇을 사야 하는가'란 고민은 일반 투자자들의 공통 관심사다. 상당히 좋은 종목들을 계좌에 가지고 있었던 적이 있음에도 불구하고 이익의 싹을 미리 잘라버림으로써 항상 '무엇을 사야 하는가'에 대한 고민을 하게 된다.

지금은 '무엇을 사야 하는가'가 중요한 것이 아니라 '무엇을 가지고 있어야 하는가'가 중요한 시기이다. 나의 계좌를 점프 업 해줄 종목들을 자르지 말아야 한다. 키워 가야 한다.

시장의 흐름이 둔화되고 약화되더라도 이익이 커 가는 종목들을 중심으로 포지셔닝 해 놓으면, 시장의 하락이 시작되어도 충분히 엑시트(exit)할 시간을 벌 수 있다. 시장이 올라왔다고 해서 어디까지 갈 것이라고 미리 예상하는 우를 범하지 말아야 한다. 지금은 대한민국 주식시장 역사상 가장 강력한 상승세가 진행 중이다.

:: 2021년 1월 25일 오전 시황

03

개미들의 지옥,
물타기

앞서 조급함 때문에 얕은 이익에 만족해서 팔고, 사서 물린 종목들은 물타기를 하다 손실을 키우는 게 일반적인 개인투자자들의 매매 패턴이라고 지적했다. 많은 투자자들이 이렇게 행동하는 이유는 사람의 마음이 그렇기 때문이다.

이익이 났으면 그걸 거둬들이고 싶고, 손실이 났으면 좀 더 보강하고 기다렸다가 손실을 만회하려고 하는 것은 어찌 보면 당연하다. 그런 심리를 억누르고 물타기를 안 하는 소수의 투자자들이 오히려 이상할 수도 있다.

주식시장에서 95%는 잃고, 5%는 벌어 승자가 된다고 한다. 5%의 승자들은 어떤 매매 원칙을 갖고 있을까? 다 조사해볼 도리는 없지만, 물린 종목의 물타기는 절대 하지 않을 것이다. 물타기는 이익을 내는 데 백해무익하기 때문이다.

물론, 돈이 무한정 있다면 물타기도 나쁘지 않다. 일명 '마틴게일 기법'이라는 도박 방식이 물타기의 전형이다. 도박에서 잃은(이전) 판의 판돈 2배씩을 걸어 나가다 보면 언젠가 한 번 이익을 얻게 된다. 무한정 돈이 있다면야 확률적으로 한 번 이길 차례가 오고, 그때 그동안 잃었던 돈에 더해 첫 번째 판의 상금을 가져갈 수 있다. 하지만 돈은 한정돼 있고, 돈이 떨어지면 모든 돈을 다 잃어버린다.

물타기의 폐해는 한두 가지가 아니다. 잃지 않는 주식 매매의 제1 원칙은 분할 매수다. '4장. 싸움의 기술'에서 실전 매매 기법에 대해 자세히 설명할 것이다. 효과적인 매매 기법을 실행하기 전에 잘못된 매매 방식은 완전히 버려야 한다.

먼저 입질 매매를 해서 오르는지, 못 오르는지, 빠지는지를 테스트해봐야 한다. 내 계좌의 1%, 2% 정도의 돈으로 한 종목을 건드려봐야 한다는 의미다. 하지만 대부분 주식투자자들은 있는 돈의 10%, 20%, 50%를 투자하고 심지어 몰빵도 한다. 여기에 신용까지 동원해 레버리지 투자까지 감행한다.

이렇게 자신이 갖고 있는 총 투자금의 상당액을 지른 경우, 다행히 오르게 되면 수익이 나고 만족감을 얻을 수 있다. 팔고 나서 더 오르면 배가 아프겠지만, 잃지 않고 벌었으니 다행이 아닐 수 없다. 하지만 늘 운이 따르는 것은 아니다.

반대로 매수한 뒤 주가 하락으로 손실이 나면 그때부터 초긴장 상태가 된다. 주가가 조금 빠졌을 때는 손절매가 어렵지 않을 수 있다. 조금 빠졌는데 뭘 바로 파느냐, 진득하게 기다려봐야지 하는 마음도 많다. 그러다 10% 이상 하락해 20%, 30% 빠지면 말 그대로 패닉 상태가 된다.

손절매 시기를 놓치면 선택은 둘 중 하나다. 돈이 없으면 그냥 일 년이고 이 년이고 버티는 것이다. 아직 안 팔았으니 장부상 손실일 뿐, 실제 손실 난 것이 아니라고 자위하면서 말이다. 또 하나는 반등을 기대하며 내린 가격에 또 사는 것이다. 그러면 매입 단가가 낮아져 주가가 다시 오를 때 빨리 손실을 만회하고, 더 나아가 이익도 빨리 낼 수 있다.

첫 번째 경우, 투자 원금이 그대로 물려 기회비용이 상당하다는 게 답답한 노릇이다. 시장이 활황세라면 더욱 그렇다. 여기저기서 돈 벌었다는 소리가 들리고, 다른 종목들을 보면 하루가 멀다 하고 오르는데 내가 물린 종목은 여전히 횡보하고 있다면, 낭패감은 커질 수밖에 없다. 또 돈이 묶여 있으니 시장에서 벌 수 있는 기회가 사라진다.

이보다 더 심각한 경우가, 이익이 난 다른 종목들을 키워 가지 못하고 팔아서 그 돈으로 물타기를 하는 것이다. 이때 물타기 종목이 반등하지 못하면 양쪽에서 손해를 입게 된다.

이익이 난 종목들은 시기를 잘 선택해 들어간 것이므로 충분히 기다려 고점을 확인한 후 팔아야 한다. 얼마까지 오를지 모르는 종목인데, 이익이 조금 났다고 얕은 수익만 남기고 팔게 되니 사실상 손해를 보는 꼴이다.

여기다 물타기한 종목이 좀처럼 만회하지 못하고 더 하락하게 되면 손실폭은 눈덩이처럼 불어난다. 견디다 못해 자포자기 상태로 주식을 던지는 일도 생긴다. 이렇게 사람의 인내심을 극한까지 몰아 투자자들이 항복하고 주식을 던진 후에 주가는 다시 오르기 시작한다. 그걸 바라보는 마음은 너무나 쓰리다.

이익 난 종목은 물타기 자금을 마련하기 위해 팔아버렸으니, 내 계좌에는 온통 파란색 종목, 즉 손실 난 종목들만 남게 된다. 하루하루가 지옥 같거나, 주식만 생각하면 우울해진다.

돈이 묶여버려 투자 기회가 와도 살 수 없고, 팔자니 너무 손실이 커 팔지도 못하고 진퇴양난 속에서 수익의 기회는 사라져 버린다. 물타기는 물심양면 투자자를 고통 속으로 몰아간다. 앞에서 말한 '이익은 키우고 손실은 자르라'는 말과 정반대로 가는 지름길이 바로 물타기인 것이다.

특히 대다수 투자자들이 같은 심리를 갖고 있기에 물타기 종목은 시간이 갈수록 오르기 힘들다는 점을 명심해야 한다. 매물 강도가 더 세지기 때문이다. 사람들이 물타기를 많이 할수록 그 종목은 조금만 올라도 매도가 넘쳐난다. 그러니 오를 수가 없다. 그 매물들이 다 소화될 때까지 그 종목은 고개를 들지 못한다.

홍성학의 장중일기

물타기 종목, 매물 압박 강도 현저히 높아져

절대다수 시장 참여자들은 현재 주가 수준에 대한 부담감이 강하기 마련이므로, 개장 후 일정 수준 가격의 움직임이 발생하면 여전히 매도에 집중한다. 즉, 조금의 이익이 발생한 종목에 대해서는 빠른 이익 실현의 욕구가 강한 반면, 손해를 보고 있는 종목에 대해서는 물타기 매수를 단행한다.

이는 결국 상승 추세가 강하게 형성되는 종목에 대한 매물 압박의 강도가 줄어드는 효과를 가져오는 반면, 시세가 상대적으로 부진한 종목들의 매물 압박 강도는 현저히 높아지게 되는 것이다. 따라서 지금부터 시장은 시간이 갈수록 강한 종목과 강하지 못한 종목 간의 시세 차별화 현상이 더욱 확대될 수밖에 없다. 즉 주도주와 비주도주 간의 시세 차별화가 진행되는 것이다.

:: 2021년 1월 25일 오전 시황

04

대형 우량주 투자, 왜 실패하나?

일반적으로 주식투자만큼 위험하고 손해 보기 쉬운 게 없다고들 한다. 부동산, 특히 아파트를 샀다면 하다못해 내가 살아도 되고, 전월세로 임대료를 받아도 된다. 장기적으로는 집값이 오르니 항상 이익이 난다는 인식도 있다. 반면, 주식투자 하면 깡통, 휴지라는 단어가 연상된다.

그래서 대한민국이 망해도 안 망할 주식, 즉 대형 우량주를 쌀 때 사서 오래 놔두면 반드시 돈이 되고 손해 보지 않는다고 한다. 실제로 삼성전자가 10만 원대일 때 주식을 사모아서 지금은 수십억 원의 이익을 남겼다는 얘기를 심심찮게 들을 수 있다. 하지만 개미들은 삼성전자와 같은 대형 우량주 투자에서 재미를 보지 못한다. 심지어 손실만 보거나, 이익이 나더라도 급등주와 비교하며 상대적 박탈감에 쓸쓸한 입맛을 다시는 경우가 적지 않다.

이유는 크게 두 가지다. 먼저 오르는 것을 보고 따라 샀다가 물린 경우다. 2020년 11월 이후 삼성전자는 한동안 5만 원대에서 횡보하다가 이듬해인 2021년 1월까지 6만 원, 7만 원, 8만 원 선을 차례로 돌파하고 9만 원대까지 올랐다. 하지만 이후 삼성전자는 다시 8만 원대로 돌아갔다. 10만 전자가 될 것을 기대하며 지난 1월에 들어온 개인투자자들은 문자 그대로 물린 상태다.

2021년 3월 12일 현재, 삼성전자 주가는 82,800원으로 고점인 96,800원에 비해 10% 이상 빠진 상태다. 이런 횡보 기간이 두 달이 다 돼가고 있으니, 삼성전자를 들고 있는 개인투자자들은 슬슬 지쳐가고 있다고 봐야 한다.

이런 현상은 지난 2020년의 데자뷰다. 삼성전자 주가는 3월 말 강한 V자 반등 시절 4만 원 초반에서 5월 말 5만 원을 넘어 20% 이상 올랐다. 이를 보고 따라 들어온 투자자들은 6월부터 5개월여 동안 5만 원대에서 횡보하는 삼성전자 때문에 속앓이를 해야 했다.

이러는 사이 5월부터 9월 초까지 바이오 종목을 비롯한 중소형 종목들은 몇 배까지 시세를 분출하며 화려한 종목장을 펼쳤다. 삼성전자에 돈이 묶인 투자자들의 상대적 박탈감은 상상이 가고도 남는다.

이렇게 긴 횡보 국면을 버틴 개인투자자들은 삼성전자가 6만 원 선을 돌파하는 구간에서 원금 회복을 한 뒤 안도감을 느끼고 매도한다. 지겨운 기간이 길었던 만큼 또다시 그 답답함을 겪지 않으려고 서둘러 팔아버린 것이다. 이 매물을 받는 것은 외국인과 기관들이다.

최근 일 년의 시간을 복기해보면 삼성전자와 같은 대형 우량주 투자는 인내와 시간이 필요하다는 것을 알 수 있다. 무엇보다 상한가를 치고 2~3배 오르는 다른 주식에 한눈팔지 말아야 한다.

과거 어떤 주식 고수는 주식 매입 후 흔들리지 않기 위해 주식예탁원에 가서 실물 주권을 찾아와 자기 집 금고에 보관했다고 한다. 일정 수준으로 오르기 전까지 팔지 못하도록 물리적 조치를 취한 것이다.

비단 삼성전자뿐 아니라, 어떤 종목이 지리한 횡보 기간, 또는 하락 기간 끝에 반등을 시도할 때는 긴 호흡으로 대응해야 한다.

홍성학의 장중일기

낙폭 과대주와 삼성전자의 반등 괴리를 보면 후회할 수밖에

최근 급락장에서 개인의 순매수가 집중되었던 삼성전자, SK하이닉스의 움직임은 상당히 제한적인 상황이다. 즉, 매물 압박이 크다는 것을 반증한다.

위에서 언급한 주식은 단기간 내 −50%에서 −70%까지 하락한 종목들이다. 상당 기간 시장에서 철저히 소외된 상태에서 발생한 급락이었기에, 지금의 가격 반전에도 불구하고 매도할 이들이 별로 없어서 탄력적인 반등이 나타나는 것이다.

좋은 가격이라고 판단해 장기적 관점에서 접근한 이들은 삼성전자로 초기의 목적을 달성하게 될 것이나, 약간의 투기성이 가미되고 인생 역전 한 번 해보겠다고 접근한 이들은 반등 구간에서 전개되는 낙폭 과대주와 삼성전자의 반등 괴리를 보며 후회할 것이다. 결국 이러한 접근은 삼성전자에 대한 매도로 이어질 수밖에 없으며, 그로 인해 삼성전자 주가는 탄력을 가지지 못하고 시장 대비 낮은 회복을 보여주게 된다.

만약 주식 경험이 부족한 상태에서 삼성전자에 대한 좋은 기회라고 판단했다면, 가격 관점이 아닌 시간 관점에서 접근해야 한다. 단기적인 가격 움직임은 잊어버리는 것이 유리하다.

:: 2020년 3월 26일 오전 시황

1년 이상 긴 호흡, 삼성전자로 꿈은 이루어진다

많은 개인투자자들이 삼성전자에 대한 낮아진 기대감과 장기 투자 목적으로 접근했다고는 하나, 시장 전체의 강한 반등과 급등하는 종목이 속출하는 과정에서 삼성전자는 상대적으로 제한적 범위 내에서 움직임에 따라 심리적으로 지칠 수 있고 답답함도 가질 수 있다. 그로 인해 최대한 본전 근처에서 매도하려는 욕구가 강하게 형성될 수밖에 없다.

그러니 당분간 삼성전자는 개인들의 매물 소화 과정을 펼치게 될 것이다. 마진콜의 위험에서 벗어나고 달러 약세가 발생하게 되는 구조적 상황에서, 그동안 매도했던 외국인이 개인들에게 맡겨 놓았던 삼성전자를 다시 찾아가는 상황이 발생하게 된다. 삼성전자로 수익을 내기 위해서는 처음 접근 당시의 목적만 지키면 된다. 즉 단기 시세에 연연하지 말고 1년 이상 긴 호흡을 가진다면 삼성전자를 통해 목적을 달성할 수 있다.

:: 2020년 3월 27일 오전 시황

05

차트,
과거의 흘러간 노래일 뿐

주식 공부했다는 사람 치고 차트 공부 안 한 사람은 없을 것이다. 증권 방송이나 유튜브의 전문가 방송을 보면 모두 차트를 띄워 놓고 20일 이동평균선이 어떠니, 적삼병이 어떠니, 양봉·음봉이 꼬리를 달았느니 말았느니 하며 차트가 핵심 수단인 양 활용한다.

차트 분석 책들이 넘쳐나고 차트 전문가들도 발에 채일 정도다. 주식 좀 한다는 개인투자자들도 차트에 대해선 일가견이 있는 듯하다. 과연 차트는 주식 매매의 바이블일까?

결론은 '절대 아니다'이다. 차트를 맹신하면 주식투자에서 손해를 본다. 차트는 흘러간 옛 노래이며 어떤 종목의 과거 역사를 보여줄 뿐이다. 과거에 그랬다고 현재와 미래 주가 차트가 그렇게 흘러갈 것이란 보장이 없다. 그저 과거에 주가가 어떤 모습이었는지만 보여줄 뿐, 미래를 알려주지 않는다.

다만, 박스권 장세에서는 어느 정도 들어맞는 예측력이 있기는 하다. 일정한 상단과 하단 내에서 주가가 움직일 때는 과거 차트 흐름대로 반복되는 경향이 있어서다. 하지만 박스를 뚫고 밑으로 하락하거나, 상단을 뚫고 위로 상승할 때 차트는 아무 도움이 안 된다. 정작 박스권을 벗어나는 상승과 하락을 알아야 주식을 사든지 팔든지 할 텐데 말이다.

차트나 볼린저 밴드 등 기술적 분석 기법들이 많다. 만약, 이런 기술적 분석이 상당한 예측력을 발휘한다면 주식투자는 '땅 짚고 헤엄치는' 손쉬운 재테크 수단이 되었을 것이다. 하지만 차트 같은 기술적 분석 툴은 시장이 예상하지 못한 방향으로 가거나, 종목이 박스권을 이탈하는 상황에서는 무용지물에 가깝다. 차트를 맹신하다가는 손실을 보거나 주식 매수 타이밍을 놓치기 십상이다.

차트, 볼린저 밴드와 같은 기술적 분석이 아니라면 어떻게 주식을 매매해야 할까? 차트의 맹점은 주가 예측을 못 하는데도 마치 주가 흐름을 알 수 있다고 착각하는 것이다. 다시 말해, 시장과 주가는 족집게처럼 예측할 수 있는 것이 아니다. 결과를 놓고 대응해야 하는 영역이다.

따라서 주가와 거래량의 상관관계를 잘 알고, 각각의 움직임을 종합적으로 판단해 상승 및 하락의 추세를 파악해야 한다. 추세는 어떤 현상이 일정한 방향으로 나아가는 것이다. 추세가 생성되는 시기와 소멸되는 시기를 정확하게 알 수가 없으며, 시간이 지나야만 알 수 있다는 특징이 있다.

이 추세의 움직임을 포착해 매매하는 방법이 추세 추종 매매다. 추세가 포착될 때 추세에 편승해 같이 가는 매매 기법이라 할 수 있다. 자세한 추세 추종 기법에 대해서는 '4장. 싸움의 기술'에서 설명할 것이다. 다시 말하지만 차트 매매는 가장 먼저 손절해야 할 매매 기법이다.

홍성학의 장중일기

추세적 구간에서 차트 등 기술적 지표는 무용지물

현재 시장의 단기 기술적 지표들은 상당히 높은 수준의 과열권 영역임을 알려준다. 누차 강조한 바와 같이 추세적 시장 흐름이 이어지는 구간에서 차트 등의 기술적 지표는 거의 무용지물에 가깝다. 가까이할수록 상대적 박탈감만 커지고, 결국 무차별적인 '묻지 마' 형식의 추격 매매를 하게 되는 결과를 가져온다.

시장에 대해 예단하거나 예측해서는 안 된다. 그저 시장이 알려주는 흐름대로 몸을 맡겨야 한다.

:: 2020년 4월 20일 오전 시황

차트는 시장을 설명해주지 않는다

이미 작년 3월 말부터 차트를 보지 않아야 돈을 벌 것이라고 말해왔다. 차트는 매우 제한적인 박스권 내 시장에서 어느 정도 기술적 역할을 하는 하나의 도구에 불과하다. 하지만 수많은 시장 참여자들의 인식 저변에 차트가 자리잡고 있기에 주가 움직임에 대해 '비싸다, 싸다'를 논하게 되는 것이다.

차트는 결코 시장을 설명해주지 않는다. 차트는 그저 지나온 행적을 표시해주는 도구일 뿐이다. 지금은 우리나라 주식시장 역사에서 가장 강력한 강세장이 펼쳐지고 있으며, 아직 출발 시기에 불과한 수준이다.

:: 2021년 1월 15일 오전 시황

06 급등주, 동전주에 뛰어드는 불나방

이 글을 쓰는 2021년 3월에도 시장이 쉬어가자 어김없이 정치인 테마주가 급등락을 보였다. 서현이화, 모베이스 등등이다. 심지어 웅진의 경우, 윤석금 회장과 윤석열 전 검찰총장의 성이 같고 이름이 비슷하다는 이유로 주가가 움직이는 상황이 벌어졌다.

시장이 좋을 때 투자자들은 정치 테마주에 관심을 갖지 않는다. 시장이 나쁠 때는 정치 테마주를 만들어서 돈을 벌려는 사람들이 나온다. 이에 수많은 개인투자자들이 동조하는 현상이 벌어지면서 정치 테마주가 급등락하는 것이다.

주식시장이 약세를 보이고 상승 종목수가 하락 종목수보다 크게 적을 때, 투자자들의 시선은 그날 상한가를 가거나 높은 상승률을 보이는 몇 안 되는 종목으로 향한다. 이를 이용해 주가를 띄워 애꿎은 투자자들을 유인하는 경우가 많다. 눈에 잘 띌 수 있는 상황을 기다렸다가 작전에 나서는 셈이다.

저항감을 넘어선 시세가 형성될 때 이성을 잃는다

가격 상승은 매수자들로 하여금 심리적 부담감과 저항감을 갖게 만든다. 그러나 심리적 저항감을 넘어서는 시세가 형성될 때 시장 참여자들은 이성을 잃는다.

:: 2020년 11월 20일 오전 시황

특히, 정치 테마주는 누구 누구와 관련돼 있다는 이유만으로 주가가 폭등한다. 정치인의 가족이 그 회사를 다닌다거나, 오너가 이름이 비슷하다는 것만으로도 테마주가 되어 주가 변동성이 커진다. 이런 변동성을 매매에 이용할 수도 있겠지만, 웬만하면 정치 테마주는 매매하지 않는 것이 좋다. 기업의 본질적인 내용과는 관련이 없기 때문이다.

테마주를 비롯한 급등주에 올라타 수익을 낼 수 있을 것이라 생각하고, 실제 그렇게 매매하는 개인투자자들이 적지 않다. "너한테만 알려주는 정보야"라며 작전이 걸린다는 종목이나, 주가가 500원도 안 되는 동전주에 상당한 투자금을 넣기도 한다. 간혹 짭짤한 수익을 맛보기도 하지만 대개는 덜커덩하고 물려버린다.

기업의 실적과 기술 등 본질적인 경쟁력과는 아무 관련이 없는, 그저 테마주이거나 작전주라는 헛된 기대로 매매에 나선 결과는 좋을 수 없다. 매수세가 붙으면 주가를 끌어올렸던 쪽에서 주식을 처분하고 빠져나간다. 일확천금을 꿈꾸며 추격 매수를 했던 개미들만 물려버려 이러지도 저러지도 못하는 신세가 된다.

한편으로 생각해보면 개인투자자들이 불나방처럼 급등주, 테마주를 좇는 이유는 종목 피킹 능력이 부족해서다. 미리 종목들을 쭉 훑어보는 시세 트레킹을 통해 상승 조짐이 보이는 종목들을 선별하고, 이들 종목이 일정한 가격을 넘어설 때 입질 매수와 추가 매수를 통해 수익을 쌓아나가는 매매 방식이 안전하고 수익도 높일 수 있다. 하지만 대부분의 개인투자자들은 이런 종목 피킹 능력이 부족하다 보니, 솔깃한 정보나 테마주 움직임에 뇌동매매를 하는 것이 현실이다.

홍성학의 장중일기

테마주에 열광, 욕심은 앞서고 노력은 부족하기 때문

시간이 지난 후 지금 시기를 복기한다고 가정해보자. 대충 '아무 주식이나 사서 들고 있었으면'이라는 자조 섞인 한숨을 쉴 가능성이 매우 높다. 주식 거래에 있어서 단기적 성과도 매우 중요한 부분이지만, 지금은 보다 큰 관점에서 시장 접근을 해야 하는 명확한 시그널들이 하나둘 나타나고 있다.

그럼에도 불구하고 시장이 단기 테마성 이슈에 집중하는 이유는 무엇일까? 첫 번째 이유는 짧은 시간에 높은 성과를 내야 한다는 욕심이다. 테마주처럼 극적이지 못한, 정상적인 종목의 변동성이 맘에 들지 않기 때문이다. 이 또한 욕심이 앞서는 것이다.

그리고 가장 중요한 것은 바로 종목 피킹에 대한 능력 부족이다. 시세에 대한 트레킹, 기업 본질적인 측면에서의 접근이 어렵고 낯설기 때문이다.

결국 테마성 종목들에 집중하는 이유는 단기간에 돈을 벌고 싶다는 욕심, 거래 대상인 기업의 본질적인 부분에 대한 이해 부족, 그리고 시장에서 형성되는 가격에 대한 대응 전략 부재가 더해진 것이다. 즉 욕심은 앞서고 노력은 부족하기 때문에 테마주에 열광한다. 어쩌면 주식시장 자체가 탐욕으로 이루어진 곳이라서 그런지도 모르겠다.

::2020년 4월 28일 오후 시황

07 순환매에 당하는 개미, 두더지 잡기 게임

주식시장에서 모든 종목이 똑같이 오르는 경우는 없다. 폭락 직후 되돌리는 반등장에서는 상당수 종목들이 높은 상승률을 기록한다. 많이 빠진 종목부터 급하게 돌려주고, 덜 빠진 종목들은 제자리걸음을 하는 식이다.

시장이 반등하고 삼성전자, SK하이닉스와 같은 지수 관련 대중주들이 상승하는 과정에서, 업종을 돌면서 순환매가 형성되는 경우는 흔하다. 두더지 잡기 게임처럼 오늘은 조선주가 오르고, 내일은 보험주가 오르는 식이다.

특히 강세장에서는 여기저기서 상승 종목들이 출현하고, 급등하는 종목들도 많이 나온다. 시장 유동성이 풍부하고 이전에 시장 매물이 많이 정리된 상태라면 주가 상승 탄력은 더 강해진다.

이런 때일수록 개인투자자들은 순환매를 좇아 단기 매매에 주력하는 경향을 보인다. 하지만 두더지 게임처럼 내일 어느 업종과 종목이 순환매로 오를지 미리 알 수가 없다.

상승하는 종목들을 좇아 급하게 주식을 매수하지만, 내가 사고 나면 주가가 시들시들해지고 생각지도 못한 다른 업종의 종목들이 오른다. 빠른 순환매를 따라잡을 수 없고, 이미 들어간 종목들은 손실이 나는 경우가 허다하다.

오른 종목들을 쳐다보면 상대적 박탈감만 커지고 마음은 더 초조하다. 평정심을 잃고 다시 순환매 종목을 예측하거나 급하게 따라붙어 보지만 결과는 여전히 신통치 않다.

여간해서 순환매를 미리 알거나 따라잡아 수익을 낼 수 없다. 그보다는 내가 보유 중인 종목으로 순환매가 올 때까지 기다리고 있는 것이 훨씬 쉽다. 강세장에서도 순환매를 모두 잡아낼 수 없으며 모두 가질 수도 없다. 'Buy & Hold'만이 가장 유리한 시장 대응이다.

아울러 순환매에 있어 개인투자자들이 범하는 가장 큰 실수는 오늘 강했던 종목이 내일도 오를 것이라고 단순히 예상하는 것이다. 오늘 강하게 오른 종목은 내일 쉬어갈 가능성이 매우 높다. 차익 실현을 위해 선취매 투자자들이 매물을 내놓기 때문이다.

순환매를 모두 잡아낼 수 없으며 모두 가질 수도 없다

고점에 안착하는 과정에서, 시장 내부에서는 매우 빠른 업종 간 순환매가 전개될 것이다. 순환매를 모두 잡아낼 수 없으며 모두 가질 수도 없다. 내 차례가 되었을 때 수익을 극대화하려면, 순환매를 따라가는 것이 아니라 업황 모멘텀이 명확하게 강화되는 업종 내 종목군으로 자리를 잡고 기다리고 있으면 된다.

이미 연초부터 강조한 바와 같이 현 시장에 대해 의심하지 말고 고민하지 말아야 한다. 주식으로 돈을 벌고 싶다면 말이다.

:: 2020년 11월 26일 오전 시황

오늘 강한 종목을 따라갈 경우 내일은 쉬어간다

지금과 같은 구간에서 시장 참여자들은 하락에 대한 불안감이나 두려움보다는 시장에 적극적으로 대응하지 못함에 따라 초조함과 조급함을 가지며, 강한 종목을 따라가게 된다. 문제는 시장 내 종목들의 움직임이 매우 빠른 순환 과정을 거치며 움직이고 있다는 점이다.

오늘 강한 종목을 따라갈 경우 내일은 쉬어간다는 것을 사전에 인지한 후에 대응한다면 아무런 문제가 없으나, 오늘 매수 후 내일 급등을 바란다면 시장의 꾸준한 상승에도 불구하고 반복적으로 손실을 보는 매매를 하게 된다.

시장은 간다. 종목은 순환을 통해 순차적으로 간다. 이 포인트를 이해하고 대응해야 한다.

:: 2020년 12월 4일 오전 시황

08

단기 매매로는
강세장 수혜 없다

2020년 3월 19일 바닥을 찍은 한국 증시는 폭발적인 반등장세를 연출했다. 1,400포인트까지 밀렸던 코스피지수는 11월 2,500포인트를 돌파한 뒤, 2021년 1월에 3,000포인트를 넘어선 것은 주지의 사실이다.

이 과정에서 주식 매매로 수익을 거둔 이들이 적지 않다. 시장이 좋을 때는 마치 내 실력이 뛰어나 돈을 번 것처럼 느껴진다. 뭘 사도 오르는 시기에는 그렇다. 하지만 매매를 계속하다 보면, 즉 단기 매매로 이리저리 베팅을 옮겨서 하다 보면 확률적으로 수익이 나는 대신 손실을 보는 경우가 허다하다.

특히 앞의 '두더지 잡기 게임' 부분에서 보았듯이 잡기 힘든 뜬구름 같은 순환매를 좇아 단기 매매에 치중하다 보면 계좌는 쪼그라들고 마음은 더욱 초조해진다. 강세장에서는 시장 중심 종목, 그중에서도 주도주를 잘 찾아 시장이 흔들리고 조정장이 오더라도 보유하고 있는 것이 유리하다.

단기 매매는 시간이 갈수록 계좌 전체 총액이 우하향

단기 매매를 통해서는 강세장의 수혜를 가져가지 못한다. 절대 가져갈 수 없다. 그럼에도 단기 매매에 집중해 매매 타이밍을 잡으려 애쓰고, 난무하는 테마성 재료에 반응하는 급등락 종목들의 변동성에 도취되어 스스로 주식을 위해 존재하는 사람인 양 느낀다. 운이 좋아 발생한 수익은 실력으로, 잘못된 매매는 실수로 치부한다.

단기 매매란 말은 결국 '벌고 잃고'의 반복 과정을 좋게 표현한 것일 뿐이다. 단기 매매, 혹은 단기적 관점에서의 대응은 그저 운에 의해 '좋았다 나빴다' 하면서 시간이 지날수록 시장과 관계없이 계좌의 전체 총액은 우하향을 그린다.

:: 2021년 1월 29일 오전 시황

단기간에 빠른 수익을 추구하면 매매는 꼬인다

문제는 제한적인 움직임이 전개되는 과정에서 단기간 내 빠른 수익을 추구하면 매매가 꼬인다는 것이다. 특히 3월 24일 이후부터 업종 구분 없이 대다수 종목들의 집단적인 상승세가 확산되고 있어, 거래자들로 하여금 본인의 매매가 훌륭하다는 착각을 하게 만드는 상황이 연출되고 있다.

이런 상황에서 시장에 대한 불안감으로 빈번한 매매가 단행됨에 따라 매매가 꼬이고 있는 것이다.

:: 2020년 5월 15일 오전 시황

09 강세장에서 돈을 못 버는 이유, 소외감

앞서 말했듯이 강세장이라고 해서 누구나 돈을 버는 것은 아니다. 반대로 약세장이라고 해도 짭짤한 수익을 못 만들어낼 것도 없다. 그렇다면 상당수, 또는 대부분 종목의 주가가 오르는 강세장에서 왜 돈을 벌지 못하는 걸까?

심리적인 측면에서 볼 때 강세장 속에서 무차별적인 상승이 끝나고 업종별, 종목별로 상승 양상이 달라지게 되면 남의 떡이 더 커 보인다. 도로를 달리는데 내 차선만 더 느리게 가는 것처럼 느껴지는 것과 같다.

주식시장에는 2,000여 개의 종목들이 있다. 이 중 내가 가지고 있는 종목들은 많아야 수십 개에 불과하다. 나머지 1,900여 개의 종목들 중에서 상한가뿐 아니라 10%, 20% 상승 종목은 언제나 나오게 되어 있다. 그날의 1등 종목들과 내가 가진 종목들을 비교하면 성적표는 초라할 수밖에 없다.

여기서 생기는 것이 '소외감'이다. 소외감은 초조감을 부른다. 나만 뒤처지고 있다는 기분에 잦은 매매를 하게 되고, 거기다 승률에 집착하면서 얕은 이익에만 관심을 갖는 우를 범한다.

이런 행태는 강세장의 본질을 이해하지 못하는 데서 나온다. 상승 구간에서 모든 종목이 똑같이 오르는 것은 아니다. 상승 구간에서도, 실제 상승일보다는 하락일이 더 많은 것이 보통이다. 강세장에서는 시장 중심 종목들로 보유 종목 포지션을 구축한 뒤, 진득하니 보유하는 전략이 수익을 극대화할 수 있는 매매 방법이다.

홍성학의 장중일기

상승 구간에서 겪는 소외감이 잦은 매매의 원인

코스피지수가 사상 최고치를 경신했다. 그러나 시장 분위기는 사상 최고치를 경신한 부분에 대한 기대와 흥분을 하기보다는 오히려 우려를 표명하는 것으로 보인다. 이는 시장 참여자 다수가 주가 상승을 그다지 기분 좋은 상황으로 받아들이지 않는 심리 상태이기 때문이다.

특히 시장의 상승 구간에서는 일반적으로 상대적 소외감을 느끼기 쉽다. 시장이 하락할 때는 대부분 동반 하락한다. 주된 이유는 수급 불균형, 경기 하강, 기업 실적 둔화, 외생 변수로 인한 강한 충격 등이다.

이때 시장 참여자들의 심리적 상황과 경제적 상황은 매우 불안정할 수밖에 없다. 모두가 한 방향으로 행동하게 되지만, 모두가 같은 결과를 가져가지 못하고 대부분 함께 고통의 시간을 보내게 된다. 상당히 힘든 시간이며 견디기 어려우나, 본인의 잘못이 아닌 시장 환경 요인에 의한 하락이기에 손실을 본 투자자들은 서로를 보며 위안을 느낀다.

그러나 상승 구간에서는 모든 종목이 동일한 수준으로 상승하지 않는다. 상승 구간에서도 실제 상승일보다 하락일이 더욱 많은 것이 일반적이며, 상승 시 상대적으로 시장 중심 종목에 매기가 집중되고, 매일 다른 업종, 다른 종목의 순환 과정을 거치면서 상승세가 이어지기 때문에 하락 시 가졌던 동료애를 나눌 수 없다. 그러므로 시장에서 철저하게 소외되고 있다고 느낀다. 이는 시장 참여자들 대부분이 공통적으로 겪는 일반화된 현상이다.

즉 강세장의 특징을 명확하게 이해하지 못할 때 시장의 흐름에 일희일비하고, 시장 방향성과 본인의 대응에 대한 전략 · 전술을 수시로 변경한다. 이때 발생하는 것이 결국 잦은 매매다.

그런데 시장 참여자 중 절대다수가 중요하게 생각하는 것이 매매의 승률이다. 승률을 높이기 위해 상당히 큰 노력을 기울인다. 총 열 번의 매매를 했다고 가정해보자. 얕은 수익을 수익으로 인정한다면 1%, 2%, 3% 등의 아주 작은 수익을 기록한 매매가 70% 이상이 된다 해도, −10% 이상의 매매가 한두 번만 발생하면 계좌 현황은 마이너스를 기록한다.

특히 강세장에서는 매매의 승률이 중요한 게 아니라 수익율이 중요하다. 잦은 손실이 발생하더라도 수익을 가져갈 수 있는 제대로 된 한 번의 매매가 아홉 번의 손실을 커버하며 계좌를 플러스 상태로 만들어준다.

오늘도 개장 후 아침에 매물이 출회하며 잠시 출렁이는 모습을 보여주고 있다. 강세장의 전형적인 특징이 '전약후강'이다. 이유는 간단하다. 승률을 높이기 위해 잦은 매도를 행하기 때문이다.

전일 큰 상승 시, 금일 아침 빨리 이익을 실현하고픈 인간의 본능에 지배당하기에 매도하기 바쁜 것이다. 이런 집단적 현상으로 인해 강세장의 오전은 항상 매물 출회, 물량 소화 과정을 거치는 동안 출렁이게 된다. 그러한 단기적인 매물이 소화된 이후 시장은 차근차근 재상승세를 구가하는 것이다.

지금은 강세장이고, 고점은 경신하라고 있는 것이다. 두려워 말아야 한다.

:: 2020년 11월 24일 오전 시황

Chapter

04

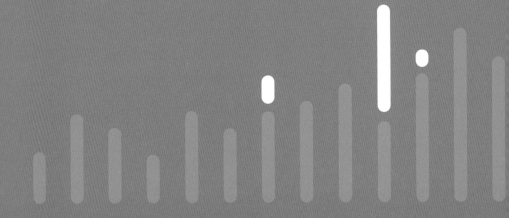

싸움의 기술,
고가매수 저가매도

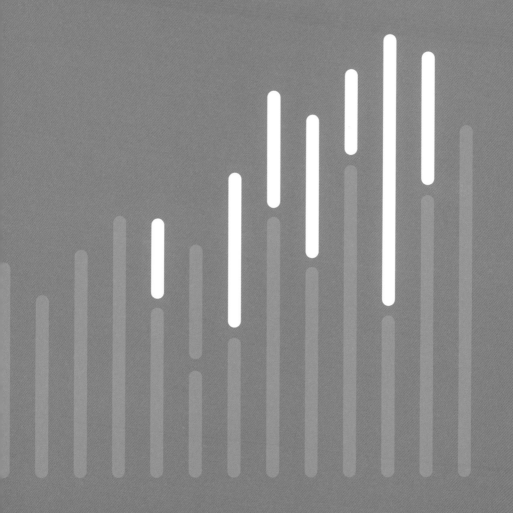

01

당신은 어떤 성격의 투자자인가?

나의 투자 성향은
시간 투자? 가격 투자?

●   주식시장 참여자들의 투자 방법은 매우 다양하다. 크게는 투자 성향에 따라 시간 투자와 가격 투자로 나눌 수 있다. 개인투자자들은 스스로 '시간 투자'(가치 투자)를 한다고 생각하지만 실제로는 '가격 투자'(트레이딩)를 하는 경우가 많다.

     시장에서 형성되는 가격에 비해 기업의 내재 가치가 '높으냐, 낮으냐'에 따라 투자하는 것이 가치 투자인데, 내재 가치가 시장에서 정상적으로 평가받을 때까지 기다리는 매매 기법을 말한다.

시간 투자 = 가치 투자

가격 투자 = 트레이딩

이렇게 투자하기 위해서는 재무제표를 최소한으로 이해할 수 있어야 한다. 또한 해당 기업의 사업 내용과 해당 기업이 속해 있는 산업의 특성, 그리고 사회적인 구조가 맞물려서 기업이 성장을 '이뤄낼 것인가'에 대한 질적 측면까지 이해해야 한다. 코로나 사태 이후 삼성전자를 매수하러 들어온 개인 투자자가 많은데, 이들 모두가 '시간 투자'를 한다면 결국은 시장을 이기게 될 것이다. 그러나 단기 자금을 가지고는 '시간 투자'를 할 수 없다.

운용 자금의 한계 때문에 단기간 운용해야 하는 투자자라면 '시간 투자'가 불가능하다. 워렌 버핏처럼 '시간 투자'를 할 수 있는 사람은 많지 않다. 결국 우리의 최대 관심사는 어떤 종목을 '얼마에 사서, 얼마에 팔 것인가' 하는 것이다.

내가 산 주식이 빠졌다면 내 생각과 행동이 틀린 것

● 우리가 주식을 사는 이유는 간단하다. 오늘 산 주식의 주가가 '빠지겠구나'라는 생각으로 주식을 사는 사람이 있을까? 그런 사람은 찾아보기 힘들 것이다. 대부분의 시장 참여자는 내가 주식을 사면 오르기 바란다. 그래서 급등주, 테마주에 열광하는 것이다.

그런데 다시 생각해보자. '가치 투자'를 하는 경우라면 내가 주식을 사고 주가가 빠져 주는 것이 좋다. 왜? 나는 앞으로 이 주식을 계속 매수할 예정이니 저가매수가 가능하기 때문이다. 하지만 실제 매매에 있어서는 그와 반대되는 행동을 한다. 오늘 매수했는데 주가가 빠졌다고 실망한다. 내 원래의 목적은 주식을 사면 바로 오르는 것이기 때문이다.

내가 산 주식이 빠졌다는 것은 어떤 의미일까? 내 판단과 내 행동이 틀린 것이다. 그러면 잘못된 매수니까 잘라야 한다. 그런데 반대로 주식이 빠지면 추가 매수를 한다. 소위 '물타기'를 해서 단가를 낮추려는 행동이다. 그런데 여기서 놓치는 부분이 있다. 내가 잘못 샀다는 점, 내가 틀렸다는 점을 인정하지 않는다는 것이다.

나의 틀린 판단에 왜 추가 베팅을 하는가? 주가가 오르길 바라고 샀으면, 내 주식이 올라가면 추가 베팅을 하는 게 맞다. 하지만 반대의 결과가 나왔음에도 내 판단과 행동이 맞다는 전제하에 움직인다. 그래서 시장 참여자 대부분이 움직이는 것과 달리 추가 매수를 한다.

물론 이런 행동은 인간 심리상 매우 자연스럽다. 기본적으로 매매에 대한 개념이 부족할 수도 있고 본전 심리가 강하기 때문이기도 하지만, 손해를 보고 매도하는 것은 본능에 반하는 행동이니 이해가 간다는 얘기다.

02

차트상 조정과 반등,
반대일 수 있다

조정과 반등은
해석하기 나름

● 　　　그림 4-1을 보라. 왼쪽 그림을 흔히 '조정'이라고 하고, 오른쪽 그림을 '반등'이라고 해석한다. 왼쪽 그림의 꺾인 부분을 주가 상승 후에 나타나는 일시적인 조정 구간, 즉 '눌림목'이라 부르는데 많은 투자자들이 이 눌림목을 이용해 저가매수를 하려고 한다.

반대로 오른쪽 그림은 주가가 하락하다가 일시적으로 올라온 것으로 본다. 이것을 하락 중에 나타나는 일시적인 반등, 즉 '기술적 반등'이라 부른다. 그런데 과연 이렇게 생각하는 것이 맞을까? 조정이 조정이 아니었고, 반등이 반등이 아닐 수도 있지 않을까?

조정

반등

하락 구간의 일시적 반등?
상승 추세로의 전환?

●   그림 4-2의 왼쪽 1번 구간을 보자. 이것이 하락 중에 나타나는 일시적이고 기술적인 반등이 되려면 주가는 계속해서 점선 방향으로 내려가야 한다. 대부분의 투자자는 기술적 반등을 이용해 매도해야 한다고 알고 있다. 차트 중심으로 매매하는 투자자들은 저 부분에서 이평선에 걸리므로 당연히 매도를 할 것이다.

왜 하락 중에 일시적 반등을 이용해 비중을 줄이라고 하는 걸까? 바꿔 말하자면 나는 하락이 진행되는 동안 계속 주식을 들고 있었다는 말이 된다. 하락 초기에 바로 매도했더라면 일시적인 반등을 이용해 팔 주식도 없을 것이다. 결국 하락을 다 견뎌오다가, 반등이라고 생각하는 1번 구간이 나오니까 비중을 줄인다면서 매도 행동을 하는 것이다.

그런데 이것이 하락 중에 나타난 일시적 반등이 아니라 오른쪽 2번 구간처럼 상승 추세로의 전환일 수도 있지 않을까? 이 시그널이 일시적 반등이 되려면 이 이후는 반드시 추가 하락이 뒤따라야 한다. 만약 하락을 마무리하고 상승을 시작하는 것이라면, 기술적 반등이므로 주식을 매도할 것이 아니라 오히려 매수해야 한다.

▰▰▰ 그림 4-2 | **하락 & 반등 해석하기**

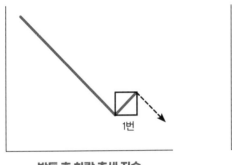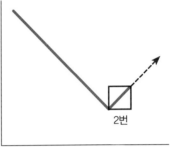

반등 후 하락 추세 지속 **반등이 아닌 상승 추세로의 전환**

상승 구간의 일시적 조정?
하락 추세의 시작?

● 　　그림 4-3의 왼쪽 1번 구간을 보자. 만약 상승 중에 나타나는 일시적인 조정 국면이라면 1번 구간 이후에 주가가 다시 상승해야 한다. 그래서 일반적으로 1번 구간을 '눌림목'이라고 하며, 저가매수의 기회로 삼으라고 말한다.

상승 중에 나타나는 일시적인 조정을 이용해 매수하라는 말은 무슨 뜻일까? 나는 상승 구간 중에 주식을 사지 않고 현금을 들고 있었다는 뜻이 된다. 상승 중에는 보유한 주식으로 수익을 누려야 하는데, 눌림목을 이용해 매수하려고 현금을 들고 기다리고 있었으니 어떻겠는가? 상승 중인 주가를 보고 '내려가라, 내려가라' 주문을 외고 있을 수밖에 없다(그림 4-4 참조).

그보다 더 안 좋은 상황은 일시적인 조정이 아니라 하락의 시작인 경우다. 그림 4-3의 오른쪽 2번 구간을 보라. 주식을 사야 한다고 알고 있는 '눌림목' 구간이 하락의 시작일 수도 있으므로 매도할지 말지를 고민해야 되는 시점이다. 왜냐하면 주가가 계속 올라도 내가 가질 수익은 작고, 반대로 주가가 빠졌을 때 내가 봐야 할 손실은 훨씬 크기 때문이다.

그런데 왜 주가가 올라가는 구간에서는 주식을 매수하지 않고 보고 있다가, 다른 투자자가 이익을 다 취하고 매도하고 있을지도 모르는 지점에서 주식을 사려고 덤벼드는 것인가? 이것이 개인투자자들이 흔히 저지르는 잘못된 매매 패턴이다.

▬▬▬▬ 그림 4-3 | **상승 & 조정 해석하기**

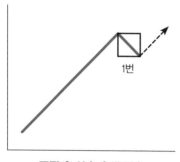

조정 후 상승 추세 지속

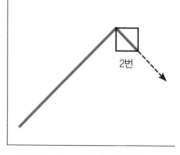

조정이 아닌 하락 추세로의 전환

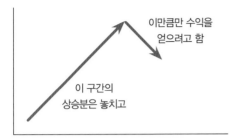

그림 4–5에서 점선으로 표시된 곳이 바로 코로나 이후의 상승 구간이다. 점선이 시작되는 지점, 즉 3월 24일부터 쭉 붙어서 주가가 계속 올라갔다. 코로나 대폭락 이후 V자 반등 시기에, 개인투자자들은 재차 폭락할 것을 우려해 하락의 최저점을 찍고 다시 오르는 기간의 초기에 보유 주식을 대거 매도했다.

그들은 왜 기술적 반등이라고 생각했을까? 하락폭이 거세어서 두려운 마음이 들었기 때문이다. 그러나 그 이후 시장은 어떻게 되었는가? 코스피지수는 현재 3,000포인트를 넘어섰다. 대한민국 주식시장에서 처음으로 3,000포인트를 넘어선 역사적인 사건이 벌어진 것이다.

■■■■■ 그림 4-5 | **코로나 이후의 상승 구간**

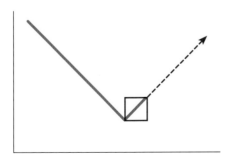

03 비싸 보일 때 사고, 싸 보이면 사지 마라

주식투자로 돈을 버는 방법은 간단하다. 쌀 때 사서 비쌀 때 팔면 된다. 그런데 싼 가격인 줄 알고 들어갔는데 주가가 빠져 버리는 경우가 많다. 어떤 종목의 주가가 한참 오르다 잠시 내려가면 고점 대비 싸 보인다. 다시 오를 것을 기대하고 눌림목이겠거니 하고 산다.

2만 원을 찍었던 주식이 18,000원으로 내리면 2만 원 대비 싸 보인다. 그러나 주가가 1만 원으로 반토막 나면 이 종목은 사서는 안 되는 주식이었고 1만 원도 비싸 보인다. 절대 수치로는 18,000원보다 1만 원이 싼 가격이지만, 더 하락할 수 있는 1만 원은 비싸 보이게 된다.

반대로, 주가가 1만 원에서 12,000원으로 오르면 20%나 올라 비싸 보인다. 추격 매수하다 물려 버릴 것만 같다. 하지만 이 주식이 2만 원으로 100%

오르면 왠지 계속 올라 3만 원, 4만 원까지 훨훨 날아갈 것처럼 느껴진다.

그렇다면 지금 가격 2만 원은 싼 것이다. 분명 12,000원보다 2만 원이 비싼 가격이지만 미래를 생각하면 싸다. 기분상 그렇다는 것이다.

2020년 12월 하순부터 이듬해 1월 11일까지, 삼성전자 주가는 7만 원대에서 9만 원대로 올라섰고 8만 전자, 9만 전자, 10만 전자란 말이 유행어가 됐다. 이때 많은 개인투자자들이 삼성전자를 추격 매수했다. 더 오를 테니까 9만 원대의 삼성전자 주가가 싸 보인 것이다.

주가가 빠질 때는 반대의 현상이 생긴다. 조금 빠지면 싸 보이지만 많이 빠지면 비싸 보인다.

여기서 나온 원칙이 '비싸 보일 때 사고, 싸 보이면 사지 말라'는 것이다. 즉 '고가매수-저가매도' 원칙이다. 2차전지 소재 업체인 피엔티를 예로 들어 설명해보겠다. 피엔티는 전기차 시대가 열리면서 주가가 많이 상승한 종목 중 하나다.

2020년 7월 27일 13,800원이었던 피엔티는 9월 15일 26,300원까지 올랐다가 10월 26일 18,150원으로 내렸다. 만약 피엔티가 8월 10일쯤 17,400원으로 26% 오른 것을 봤다면 많이 올라 들어가기 부담스럽다고 느낄 것이다.

하지만 보름 뒤쯤인 8월 27일 장중 고가 22,900원을 찍고, 다시 보름 뒤인 9월 14일 26,300원을 기록하는 것을 목격하게 되면 주가가 곧 3만 원을 돌파하고도 남을 것처럼 느껴진다. 그렇다면 현재의 26,000원대 주가는 싸 보인다. 피엔티 주가가 1만 원대 중반일 때는 언제 다시 빠질지 모른다는 불안감에 비싸 보였다. 그러던 주가가 2만 원을 돌파하고, 3만 원에 육박하게 되면 4만 원, 5만 원을 넘어갈 것 같으므로 싸 보이는 효과가 발휘된다.

앞서 밝혔듯이, 주가를 보는 사람의 심리는 실제 주가 흐름과 반대로 가는 양상을 보인다. 급등주를 좇아 추격 매수를 하다가 물리는 이유도 더 오를 것이라고 '예단'해서 미래에 오를 가격에 비해 현재 주가가 '싸다'고 느끼기 때문이다.

반대의 경우도 마찬가지다. 주가가 빠질 대로 빠졌고 심지어 바닥까지 찍고 며칠 반등을 하는데도, 바로 직전의 저점과 같은 이치로 거센 하락세의 잔상에 빠져 기술적 반등에 불과하다고 생각한다. 더 빠질 것이라 '예단'하고 직전의 저점을 떠올리며 '비싸다'고 느끼면서 서둘러 팔거나 사러 들어가지 않는다.

홍성학의 장중일기

많이 올라 싸 보이는가? 조금 올라 비싸 보이는가?

많이 오르면 비싸 보이지 않는 것이 주식이다. 조금 빠지면 싸 보이지만, 많이 빠지면 비싸 보이는 원리와 동일하다.

일반적인 재화의 경우, 오르면 비싸다고 판단하고 내리면 싸다고 판단한다. 그러나 주식시장은 다르다. 조금 오르면 비싸다 생각하지만, 그 수준을 넘어서면 추가로 오를 것이란 판단에 싸다고 생각한다. 하락 시에도 동일한 원칙이 지배한다. 조금 내리면 싸다고 생각하지만, 많이 내리면 비싸다고 생각해 살 생각을 하지 않는다.

그렇다면 지금 시장은 어떤 구간에 해당하는가? 많이 올라서 싸 보이는가? 아니면 조금 올랐기에 비싸 보이는가? 판단은 스스로!

:: 2021년 1월 13일 오전 시황

시세가 부담되는가? 그렇다면 대응해야 하는 종목

우리는 뒤늦게 따라가는 거래자가 되어서는 안 된다. 현재의 시세가 다소 부담되더라도 최소한 입질 매수를 통해 시세와 같은 결을 느껴 보는 것이 중요하다. 그런 후 점차 비중을 확대해 나간다면 결국 따라가는 매매가 아니라, 함께 가는 매매가 된다.
시세가 부담되는가? 그렇다면 대응해야 하는 종목이다. 시세에 부담이 없는가? 그렇다면 멀리해야 하는 종목이다.

:: 2020년 4월 10일 오전 시황

대부분의 투자자가 이런 경험을 했을 것이다. 그렇다면, 이와 반대로 하면 돈을 번다는 얘기가 된다. 긴 상승 추세의 끝에서 주식을 사는 게 아니라, 초기 단계에서 샀다가 고점을 확인한 뒤 팔면 수익이 난다. 하락 추세의 시작이나 중간 단계에서 주식을 샀다가 물려 버리고, 하락이 끝나거나 돌려서 상승 추세를 시작할 때 주식을 팔아 손실을 크게 보는 일도 없을 것이다.

그렇다면 관건은 상승 '추세'를 알아차리는 것이다. 지금 이 시점이 상승 추세의 어느 지점쯤에 있는 것인지, 하락 추세가 언제 끝날 것인지 각 종목마다 추세를 파악해야 한다. 그래야 상승의 시작 단계에서 들어가 앉아 있다가 상승이 끝난 뒤 목돈을 쥐고 내려올 수 있지 않겠는가.

04 상승 추세에 올라타는 추세 추종 매매

저가매수, 고가매도가 잘못된 행동이라면 이제라도 바꾸자!

● 　　　내가 매수하면 주가가 빠지고, 매도하면 주가가 올랐던 경험을 한 투자자들이라면 이제는 자신의 매매 방법이 틀렸음을 인정하고 냉정하게 다시 생각해봐야 한다.

이제부터는 시세의 방향이 바뀌는 것을 확인하고, 즉 가격의 반전이 나타나면 그때 매수해야 한다.

싸게 사려고 하지 말고 비싸게 사려고 해야 한다. 즉 오르기 시작하면 사야 한다. 이것이 '추세 추종 매매'의 본질이다. 궁극적으로 추세 매매라고 하는 것은 내가 한 행동에 대해 추가 베팅을 해나가는 것이다.

추세 매매의 핵심은 얕은 손실은 잘라내고 수익이 발생할 경우에는 그 수익을 계속해서 키워가는 것이다.

추세란 무엇인가?

● 상승 추세, 하락 추세 등 투자하면서 추세라는 말을 자주 들어 봤을 것이다. 그런데 실제로 추세 매매가 무엇인지 제대로 모르고 있는 사람들이 대부분이다.

추세는 어떤 현상이 일정한 방향으로 나아가는 것을 말한다. 꼭 주식시장에만 추세가 있는 것은 아니다. 일상생활 어디에서나 추세를 관찰할 수 있다. 매일 코로나 확진자의 증가 추세가 보도되고 있고, 여름에는 특정 브랜드의 음료가 잘 팔린다거나, 겨울에는 특정 브랜드의 패딩이 잘 팔린다거나 하는 식이다.

우리가 유행이라고 부르는 것도 하나의 추세라고 볼 수 있다. 중요한 사실은 추세란 생성되는 시기와 소멸되는 시기를 정확하게 알 수 없으며 추세가 지나간 후에야 알 수 있다는 사실이다. 주식시장 역시 예전이나 지금이나 상승과 하락과 보합을 반복하면서 추세적인 순환 과정을 거치고 있다. 추세가 형성되고 소멸되는 과정을 이해한다면 실제 시장에서 굉장히 재미있는 매매를 해나갈 수 있게 된다.

투자의 핵심, 추세란?

- 어떤 현상이 일정한 방향으로 나아가는 것
- 생성, 소멸되는 시간이 지난 후에야 알 수 있는 것
- 시장은 과거나 현재나 꾸준히 상승, 하락, 횡보하고 그것은 추세를 갖고 순환하고 있다는 것을 의미

추세 추종이란 무엇인가?

추세 추종이란, 추세가 포착될 때 내가 포착한 추세에 편승해서, 즉 올라타서 같이 가는 것이다. 시장에서 만들어진 추세에 편승해서 초기부터 함께 가는 것이 기본이다.

추세 추종을 통한 시장 대응은 시장의 방향을 예측하거나 예단하지 않는다. '코스피지수가 얼마까지 갈 것인가? 또다시 폭락할 것인가? 어디까지 폭락할 것인가?'에 대한 고민을 하지 않는다. 실제 시장에서 예단하는 게 아니라 시장의 방향과 맞춰서 내가 어떻게 편승할 것인가, 하지 않을 것인가 하는 것이 중요하다.

궁극적으로 시장의 방향을 읽고 내가 시장과 같이 가는 것이 가장 중요하다. 시장은 예측의 영역이 아니라 '대응의 영역'이며, 이를 가능하게 하는 것이 추세 추종 전략이라고 할 수 있다.

추세 추종이란?

• 추세가 포착되면 편승하는 것이 추종
• 시장의 방향을 예측하지 않고, 시장의 변화에 대응하는 것이 핵심
• 수익이 발생하는 행위에 대한 베팅
• 손실은 자르고 수익은 키워가는 것

상승 시작에 매수하고
하락 시작에 매도하라

● 추세 매매를 한 문장으로 정리하자면 '상승이 시작되는 시점에 매수하고 하락이 시작되는 시점에 매도하는 것'이다. 매수 시점에서는 이것이 기술적인 반등인지 상승의 시작인지 모르기 때문에 일단 계좌 전체 금액의 1~2% 정도로 입질 매수를 한다. 입질 매수에 대해서는 바로 뒤에서 자세히 설명할 것이다.

만약 다시 추가적인 하락이 나온다면 손절해서 손실을 차단하면 된다. 여기서 발생하는 손실은 비용으로 인정해야 한다. 반대로 상승의 시작이라면 추가 매수를 통해 비중을 늘린다.

매도할 때 역시 고점에 매도하려고 하면 안 된다. 상승이 끝나는 것을 확인하고, 이어서 하락을 확인한 후에 매도해야 한다(그림 4-6 참조).

그림 4-6 | **추세 매매 기법**

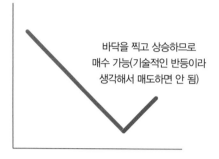

바닥을 찍고 상승하므로
매수 가능(기술적인 반등이라
생각해서 매도하면 안 됨)

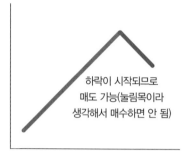

하락이 시작되므로
매도 가능(눌림목이라
생각해서 매수하면 안 됨)

이를 반복하면 그림 4-7 같은 그림이 만들어진다. 이 그림이 무엇을 뜻하는지 아는가? 투자자가 아니더라도 '무릎에서 사고 어깨에서 팔아라'라는 유명한 격언을 들어 보았을 것이다. 그런데 추세 매매를 하면 자연스럽게 그 격언을 실천하게 된다. 바닥을 찍고 상승하는 무릎에서 매수하고, 고점을 찍고 하락하는 어깨에서 팔 수 있게 되는 것이다.

우리는 그동안 어깨에서 매수하여 하락 구간을 견디다가 바닥을 찍고 올라오는 무릎에서 팔아왔다. 이 얼마나 아이러니한 일인가? 추세란 우리에게 무릎이 어디인지 어깨가 어디인지를 알려준다.

그림 4-7 | **추세 매매에서의 매수 & 매도 타이밍**

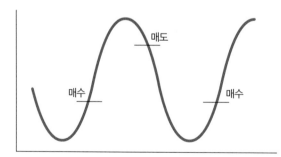

매도

매수

매수

05

입질 매수 후,
자르거나 키워라

추세 매매의
과정

● 주가의 추세 방향이 미래에 어떻게 움직일지는 아무도 알 수가 없다. 추세가 지나가고 난 뒤에 '상승 추세니 하락 추세니' 한들 아무 소용이 없다. 바로 그 시점에 대응해야 한다는 의미다. 추세 매매는 예측의 영역이 아니라 대응의 영역이다. 이것이 추세 매매와 차트 분석 매매의 가장 큰 차이점이다.

추세적인 접근과 차트 분석의 접근 모두 시장에서 제공하는 가격을 활용한다. 차트 분석은 주가 그래프가 이러이러한 형태이므로 앞으로 이러이러한 형태로 갈 것이라 예측하고 접근한다. 과거와 같은 패턴이 나오지 않으면 손실이 불 보듯 뻔하다. 상실감이 클 수 있다.

반면, 추세 추종 기법은 오늘 나타나는 현상이 이렇기 때문에 이렇게 대응한다는 개념이다. 내일이나 앞으로 어떻게 될지는 모르지만, 오늘 이렇게 나타났기 때문에 그에 맞는 대응을 하는 것이다. 잘 모르는 사람들은 추세라는 것을 기술적 분석의 하나라고 생각하는데 혼동해서는 안 된다. 추세 매매의 핵심은 '추세의 시작점에 참여하는 것'이다.

기술적 분석에 기반한 차트 분석 매매는 이미 추세가 완성된 시점에서 접근하므로, 결국은 상승이 나타난 후 일시적인 조정 구간을 통해서 접근할 수밖에 없다. 가장 큰 상승 구간이 이미 나왔기 때문에 그다지 수익이 크지 않다. 추세 매매의 경우, 상승 추세에 제대로 참여하게 된다면 수익이 상대적으로 클 것이다. 주가는 초기의 상승 구간이 가장 크게 나타나기 때문이다.

사전에 어떤 종목이 상승할지 모르는 것이 당연하지만, 상승의 시작이 포착되면 기계적으로 입질 매수를 해야 한다. 그것이 추세 매매의 대응법이다. 만일 추세가 꺾인다면 비용으로 인정하고 손절해야 한다.

입질 매수가 끝나면 실제로 추세가 진행되는 종목과 그렇지 않고 추세가 꺾이는 종목이 나눠진다. 그러면 추세가 꺾이는 종목은 잘라내고, 추세가 진행되는 종목은 추가 매수를 해서 수익금을 키우는 것이다.

이런 과정을 거치다 보면 내 계좌에는 어느새 수익이 난 종목만 자리 잡게 되고, 상승 추세의 시작부터 함께한 종목이 시장의 중심 종목으로 화려하게 비상해 있는 것을 볼 수 있다.

그림 4-8 | **시장 중심 종목 구성을 위한 시세 확인 과정**

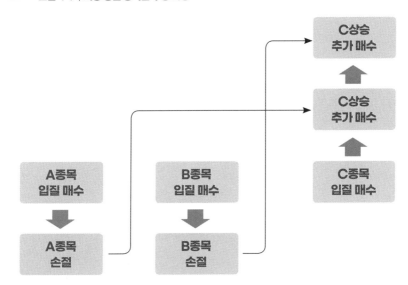

그림 4-9 | **시장 중심 종목군 구성 과정**

06 추가 매수로 상승 추세를 타라

추세 대응 전략의 핵심

●   추세 매매의 핵심은 추세를 '예측'하지 않고 '대응'한다는 것이며, 결국은 잃지 않는 매매를 지향한다는 것이다. 또한 시장의 주도주가 되는 종목의 추세가 시작되는 초기 시점부터 참여할 수 있어서, 온전히 큰 수익 구간을 내 것으로 만들 수 있다. 즉, 작은 것을 버리고 큰 것을 취하는 매매라 할 수 있다.

앞서 말한 대로 입질 매수를 한 뒤 예상과 달리 시세가 꺾이거나 부진한 종목은 과감히 잘라내야 한다. 즉 손절매하는 것이다. 내 계좌의 전체 투자금 중 입질 매수는 1~2%로 하므로 손절매하더라도 전체 손실은 크지 않다.

추세 대응 전략의 핵심 포인트

- 추세의 방향은 알 수가 없다.
  → 예측의 영역이 아닌 대응의 영역
- 추세의 시작 시점에 참여한다.
- 추세가 진행되면 베팅 규모를 늘려간다.
- 추세 확인을 위한 손실은 매매 비용이다.
- 작은 것을 버리고 큰 것을 취한다.

예를 들어서 설명해보겠다. 내 계좌의 총 투자금액이 1억 원이고, A종목 입질 매수로 2%인 200만 원어치를 샀다고 치자. 기대와 달리 A종목이 오르지 못하고 하락해 −10%를 기록했다. 이때 손절매를 하면 A종목 수익률은 −10%이고, 200만 원 중 20만 원의 손실이 난다. 그렇다면 총 계좌 손실율은 0.2%에 불과하다.

이렇게 자르는 종목들 때문에 발생하는 입질 매수의 손실들은 매매의 필수 비용으로 생각해야 한다. 5개 종목을 입질 매수한 뒤 자르면서 총 2%의 계좌 손실이 발생했다고 해도, 추가 매수를 통해 추세 추종으로 잘 키운 종목의 수익률이 10%, 20%를 낼 수 있으므로 총 계좌 수익률은 마이너스가 아닌 플러스가 되는 것이다. 다음은 추세 추종 매매의 실전 사례들이다.

사례1: 대주전자재료
(2020년 5월 4일 매수 시작 ~ 2020년 5월 28일 매도 완료)

(출처: 미래에셋증권)

기간	총 계좌 비중	주가	회차
2020년 5월 4일	3%	19,100원까지	1차 매수
5월 6일	2%	20,850원까지	2차 매수
5월 18일	2%	22,600원까지	3차 매수
5월 18일	3%	23,150원까지	4차 매수
5월 19일	3%	24,750원까지	5차 매수
5월 28일	보유 비중의 50%	30,800원	1차 매도
5월 28일	전량	30,200원	2차 매도

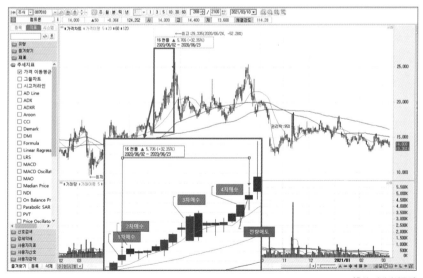

사례1 전량 매도일엔 어떤 일이?

이번 주 들어 단기간 내 상승폭이 큰 종목들에 대한 경계성 이식 매물이 출회하며 적절히 쉬어 가는 상황을 만들어주는 가운데, 오른 폭이 큰 종목들과 오른 폭이 작은 종목 간의 괴리를 좁혀가는 과정을 통해 시장의 균형을 찾아가는 양상이다.

최소 1주에서 2주 정도의 다져가는 시간이 필요하며, 그동안 단기 고점대에서 물려버린 물건들이 소화되는 과정이 필요하다. 그러한 과정을 잘 마무리할 경우 종목들의 흐름은 더욱 강화되고 탄탄한 흐름이 전개될 것으로 보인다. 확보한 현금은 다음주 이후 새롭게 대응할 수 있는 매우 중요한 자원으로서 역할을 하게 될 것이다.

:: 2020년 5월 28일 시황 요약

사례2: 펩트론
(2020년 6월 2일 매수 시작 ~ 2020년 6월 23일 매도 완료)

(출처: 미래에셋증권)

기간	총 계좌 비중	주가	회차
2020년 6월 2일	3%	18,400원까지	1차 매수
6월 3일	2%	19,550원까지	2차 매수
6월 12일	1%	21,000원까지	3차 매수
6월 22일	1%	22,850원까지	4차 매수
6월 23일	전량	29,000원	매도

홍성학의 장중일기

사례 2 전량 매도일엔 어떤 일이?

오전에 전기차(수소차 관련주) 쪽 움직임이 강화됨에 따라 상대적으로 양대 축을 담당하고 있는 바이오 종목에 대한 이식 매물 출회로 인해 다수 종목들의 시세가 약화되며 출렁였다. 이는 매우 정상적인 흐름이며, 아직 시세의 연속성이 유지되고 있다는 반증이다. 시장 참여자들은 현 시세가 부담스러워 빨리 이익을 실현하고자 하는 욕구가 크다. 작은 수익도 빨리 실현하고 싶어하기에 발생하는 현상이다. 매물이 출회하며 시세가 약화되는 상황에서 여지없이 빅텍과 스페코 등 전쟁 관련주의 상승이 뒤따르고 있다. 이에 시장 참여자들은 심리적으로 다시 불안하게 되고, 그로 인해 매물이 추가로 발생하며 추가 동반 하락하는 양상이 나타나고 있다.

현재 전 종목에서 무차별적인 장중 저가가 속출하고 있으나, 실제 북한에서 문제가 발생한 경우라 해도 급한 매물이 소진되면 지나가는 소나기 정도로 해석해도 될 것이다. 현재 원달러 환율이 1,210원 이하로 내려오면서 외국인이 순매수로 전환하고 있다. 시장은 4주째 매일 추가 하락에 대해 겁을 주는 상황이며, 이 와중에 시장 참여자들은 지치게 된다.

그러나 이러한 상황 속에서 종목들의 시세가 더욱 강화되어 가는 모습도 함께 나타나고 있다. 종목 간 시세의 차별화가 이미 시작된 상태이며, 이러한 현상은 원달러 환율이 1,200원 이하에서 고착되기 전까지는 계속 이어질 것으로 보인다.

:: 2020년 6월 23일 시황 요약

사례3: KODEX 코스닥150 레버리지
(2020년 10월 27일 매수 시작 ~ 2021년 2월 18일 매도 완료)

(출처: 미래에셋증권)

홍성학의 장중일기

사례 3 입질 매수일엔 어떤 일이?

원달러 환율이 1,127원이므로 외국인의 순매수가 이어지는 상황에서 전일 오후부터 코스피보다 코스닥 시장의 매수 강도가 높아지고 있다. 개인들은 금일 반등을 이용해 매도함으로써 이익을 취하고자 했다. 최근 지속된 약세에 지쳐 조금의 상승에도 매도 욕구를 강하게 가지게 되므로 매우 정상적인 현상이라 할 수 있다.

일정 수준 이상의 시세 회복을 위해서는 여전히 시간이 필요한 상황이나, 금일 시세 반전을 통해 시장 내 불안 심리는 크게 낮아지게 되고, 이러한 흐름이 이어질 경우 시장 내 매수세의 상승으로 발전하게 된다. 금일 KODEX 코스닥150 레버리지를 매수 대응했으며, 이는 바이오 종목에 대한 간접적인 대응이다. 코스닥지수에서 바이오 종목이 차지하는 비중이 매우 크기 때문이다.

현재 바이오 종목을 개별적으로 접근하기에는 위험 요소가 많기에 KODEX 코스닥 150 레버리지를 매수하여 바이오 개별 종목의 리스크를 제거하고, 바이오 시장을 통째로 매수하는 효과를 누릴 수 있다. 종목의 낙폭 과대에 따른 개인투자자들의 집중적인 대응으로 시세 전환의 속도가 빠르게 형성될 수 있는 시점이므로 오늘의 대응은 적절한 것으로 본다.

:: 2020년 10월 27일 시황 요약

사례 3 전량 매도일엔 어떤 일이?

시장에 대한 심리적 부담감을 가진 상태에서 매수에 쉽게 나서지 못하는 상황이나, 시장은 점차 부익부 빈익빈 상황으로 발전하고 있다. 주도주와 비주도주의 구분이 이루어지는 상황이다.

시장 중심 종목군은 탄소 배출 감소, 그린 정책에 힘입어 대체 에너지, 2차전지, 반도체, 통신장비 등의 IT 하드웨어가 주류로 자리잡는 상황이다. 시장은 제 갈 길을 찾아가게 될 것이며, 아직도 멀었다.

제약, 바이오 종목에서는 임상 결과와는 달리 자의적 해석에 의한 허위 공시가 알려짐에 따라 집단적 약세가 전개되어 코스닥지수에 큰 영향을 미치며 하락을 이끌고 있다. 이는 누차 강조했던 개별 바이오 종목이 내포하고 있는 잠재적 리스크가 부각된 것일 뿐이다.

금일 바이오의 움직임에 큰 영향을 받는 KODEX 코스닥150 레버리지를 매도, 정리하여 새로운 시세를 시작하는 종목으로 교체 대응하였고, 전체적으로 포지션은 더욱 단단해지는 상황으로 발전하게 될 것으로 보인다.

:: 2021년 2월 18일 시황 요약

기간	총 계좌 비중	주가	회차
2020년 10월 27일	2%	10,700원까지	1차 매수
10월 28일	1%	10,610원까지	2차 매수
10월 28일	1%	10,800원까지	3차 매수
10월 28일	1%	11,120원까지	4차 매수
10월 29일	1%	11,200원까지	5차 매수
10월 29일	1%	11,500원까지	6차 매수
11월 3일	1%	11,470원까지	7차 매수
11월 4일	1%	11,840원까지	8차 매수
11월 4일	1%	11,980원까지	9차 매수
11월 18일	1%	12,100원까지	10차 매수
11월 19일	1%	12,350원까지	11차 매수
11월 20일	1%	12,800원까지	12차 매수
12월 3일	1%	14,400원까지	13차 매수
12월 29일	1%	17,050원까지	14차 매수
2021년 2월 16일	보유 비중의 30%	16,000원	1차 매도
2월 16일	남은 비중의 50%	15,500원	2차 매도
2월 18일	전량	15,050원	3차 매도

사례4: Kodex 증권

(2020년 11월 11일 매수 시작 ~ 2021년 2월 17일 매도 완료)

(출처: 미래에셋증권)

기간	총 계좌 비중	주가	회차
2020년 11월 11일	1%	6,915원까지	1차 매수
11월 11일	2%	6,915원까지	2차 매수
11월 12일	1%	6,850원까지	3차 매수
11월 16일	1%	7,120원까지	4차 매수
11월 18일	1%	7,030원까지	5차 매수
11월 23일	1%	7,100원까지	6차 매수
2021년 2월 16일	보유 비중의 30%	8,050원	1차 매도
2월 17일	전량	8,020원	2차 매도

사례 4 전량 매도일엔 어떤 일이?

삼성전자 등 시가총액 상위 종목들의 제한적인 움직임이 진행되는 상황에서 코스피 지수는 제한적으로 움직이고 있다. 제약, 바이오의 본격적인 약세 속에 코스닥지수 또한 힘을 쓰지 못하고 있다. 그럼에도 불구하고 원자재 가격의 꾸준한 상승에 기인한 철강주들의 급등과 2차전지 소재 관련주의 움직임이 개선되고 있으며, 쿠팡의 미국 시장 상장과 비트코인이 페이팔의 결제 수단으로 사용됨에 따라 전자 결제 관련주들의 급등이 진행 중이다.

반면 일정 수준의 가격 상승 이후 추가 동력이 부족한 종목에서 매물이 나오면서 시세가 약화되는 현상이 곳곳에서 나타나고 있다. 이는 기대감을 가졌던 이들이 지루함을 견디지 못하고 매도한 것에 해당한다. 시세가 만들어지기 전 매물의 정리가 이루어지는 과정이라 해석할 수 있다.

시장의 급격한 상승은 당분간 기대하지 말아야 한다. 코스피 시장에서 삼성전자, 현대차, LG전자, 셀트리온 등 시가총액 최상단 종목들은 개인들의 과도한 매수에 의한 지속적인 매물 압박 속에서 제한적인 움직임을 보여주게 될 것이다. 코스닥 시장에서 셀트리온헬스케어, 씨젠, 알테오젠 등의 시가총액 상위 종목들인 바이오 종목군의 시세가 순차적으로 무너지고 있기 때문이다.

기다리면 지겨움에 가득한 매물들이 정리된 후, 시세는 매우 가벼워지게 될 것이다.

:: 2021년 2월 17일 시황 요약

사례5: 포스코케미칼

(2021년 2월 10일 매수 시작 ~ 2021년 2월 22일 매도 완료)

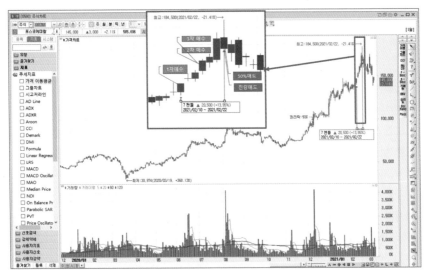

기간	총 계좌 비중	주가	회차
2021년 2월 10일	2%	146,000원까지	1차 매수
2월 17일	2%	158,000원까지	2차 매수
2월 17일	1%	161,000원까지	3차 매수
2월 22일	보유 비중의 50%	180,000원	1차 매도
2월 22일	전량	178,000원	2차 매도

166

사례 5 전량 매도일엔 어떤 일이?

원달러 환율이 소폭 약세를 보여주는 가운데 외국인, 국내 기관의 매매 또한 아직 뚜렷한 방향성이 나타나지 않고 있다. 삼성전자는 제한적인 움직임을 보여주고 있으나, SK하이닉스의 시세는 강화되는 양상이다.

근래 동을 비롯한, 니켈, 주석 등의 원자재 강세에 기인한 철강, 금속, 화학 등을 비롯한 소재 관련주들의 움직임은 상당히 탄력적인 흐름을 보여주고 있다. 전체적으로 시장은 소강상태의 모습이지만, 개장 후 단기 이익 실현 매물들의 출회 외에는 거래 또한 크게 증가하지 않고 있기에 현재의 시세는 언제든 빠르게 되돌릴 수 있는 상황이다.

:: 2021년 2월 22일 시황 요약

07

한 방에
지르지 마라

주식을 사거나 팔 때 한 방에 사고파는 경우도 많지만 경우에 따라서는 분할 매매도 한다. 특히 수익이 나 있을 때는 3분의 1이나 절반을 팔아 이익을 실현하고, 주가가 더 오르면 그때 가서 파는 식으로 분할 매도를 한다.

그런데 주식을 살 때는 나눠 사기보다 한 번에 사는 사람들이 많다. 확실하다고 생각한 정보를 들었거나 주가가 급하게 오르는 게 보이니, 빨리 많이 올라타기 위해 한 방에 지르는 것이다.

앞에서 추세 추종 실전 매매 사례들을 보면서 저렇게 올랐는데 '한 번에 많이 사서 더 많은 수익을 거두지 못했나' 하는 의문을 갖거나, 그렇게 하지 못한 데 대해 비판을 할 수도 있다. 예를 들어 사례1의 대주전자재료 매매의 경우 19,100원에서 입질 매수에 들어가 결국 30,800원에 매도를 시작했다.

61%의 수익률이다.

만약 1억 원을 운용하고 있고 자금 100%를 전부 투입했다면 6,100만 원의 수익을 거뒀을 것이다. 하지만 총 투입 금액이 전체 계좌의 13%인 데다 총 5회에 걸쳐 주요 가격을 넘어설 때마다 매수했기 때문에 수익금과 수익률은 이보다 낮다.

그렇다면, 왜 첫 입질 매수 때 계좌의 13%를 모두 넣어서 사지 않았느냐고 답답해할 수 있다. 이렇게 성공한 매매에서, 그것도 다 지난 차트를 보면서 저점매수 가격과 고점매도 가격을 비교해 '여기서 들어가 이때 팔고 나오면 되는 것 아니냐'고 말하기는 쉽다.

문제는 첫 입질 매수에 들어간 2020년 5월 4일에는 주가가 어디로 뛸지 알 수 없었다는 점이다. 만약 13%의 금액 전부를 19,100원에 들어갔다가 주가가 급락하기라도 하면 하루이틀 만에 손실률이 10% 이상 날 수 있다. 손절매를 하지 않을 경우에는 돈이 묶여 버려 심지어 몇 년이고 주가가 다시 회복하지 않을 수도 있다.

앞의 사례를 보면 대주전자재료 주가가 어느 정도 오른 2020년 5월 19일, 24,750원에 다시 3% 매수에 들어갔다. 만약 여러분이라면 이때 팔고 싶은 마음이 들지 않았을까? 하지만 상승 추세가 끝났다는 신호가 아직 나타나지 않은 시점이기에 3%의 5차 매수가 들어간 것이다.

물론 그 당시에도 주가가 어디로 갈지 알 수 없었다. 주요 기준 가격을 돌파하는 것을 확인한 뒤 추가 매수에 들어간 것이긴 하나, 더이상 상승 탄력을 잃을 수도 있어 3%만 매수한 것이다.

이렇듯 추세 추종 매매에서 입질 매수로 시작해 여러 차례의 추가 매수를 하며 벽돌을 쌓듯 차곡차곡 수익을 쌓아나가는 매매를 해야 안전하면서 탄탄한 투자가 된다. 분할 매수를 하다 보면, 주식 매매의 가장 나쁜 습관인 한 번에 큰 금액으로 덜컥 사는 일이 없어진다. 소위 '몰빵'을 해서 운 좋게 수익을 거둘 수도 있지만, 그보다는 잃을 확률이 훨씬 높은 것이 주식시장의 현실이다.

상승 추세를 확인하며 조금씩 매수를 늘려가다 고점을 확인한 뒤 수익을 실현하는 매매 방법이 바로 '죽어도 잃지 않는 추세 추종 매매'다.

08 중심 가격을 넘는지 확인하라

이제까지 입질 매수를 통해 상승 추세를 확인하고 추가 매수를 하며 주가 상승과 함께 이익을 불려 나가는 추세 추종 매매 방법을 살펴보았다. 사실 추세 추종 매매는 주식시장 역사와 함께한 오래된 매매 기법이다. 상승 추세를 찾아 상승이 시작할 때 사서 하락이 시작할 때 판다는, 어찌 보면 단순한 원리다.

여기서 관건은 상승 추세의 시작을 어떻게 찾느냐는 것이다. 상승 추세인지 아닌지, 먼저 입질 매수를 해서 타진해보고, 더 오르면 추가 매수를 한다는 것은 그리 어려워 보이지 않는다. 그런데 2,000여 개의 종목을 다 입질 매수할 수는 없는 노릇이다.

앞의 사례3에서 KODEX 코스닥150 레버리지 ETF의 경우, 2020년 10월

27일부터 12월 29일까지 총 14회의 매수를 했을 정도로 여러 차례 추가 매수를 했다. 이런 과정 속에서 어느 시점에, 어느 가격에서 추가 매수를 해야 하는지를 판단해야 한다.

즉, 이론적으로는 쉽게 이해되는 추세 추종 매매를 실전 매매에서 어떻게 구현하느냐는 문제가 남는 것이다. 입질 매수 가격은 물론 추가 매수 가격을 잡아내는 것이 노하우다.

필자는 지난 2005년 안 좋은 일로 주식으로 번 돈 100억 원을 날려버리는 아픔을 겪었다. 당시 하루에 수십억 원씩의 손실을 보며 물타기를 하며 버티었지만, 결국 그 종목은 거래정지를 거쳐 상장폐지됐다.

당시엔 삶을 포기하고 싶다고 생각할 정도로 폐인이 되다시피 했다. '왜 이런 실수를 했을까' 하며 하루에도 수십 번 자책했다. 그러다 그동안 주식 매매를 하던 PC가 눈에 들어왔다. 불현듯 저 속에 답이 있을 것이라는 생각이 들었다.

이후 여섯 달 동안 나는 엑셀과 씨름하며 주가의 흐름을 수리적으로 분석해 일정한 패턴들을 추출해내는 알고리즘을 개발했다. 이미 앞에서 울티마 시스템에 대해 간단히 설명한 바 있다.

이렇게 만든 알고리즘을 이용해 수백 개 종목의 과거 주가를 분석한 다음 다시 정교하게 알고리즘을 다듬어 각 종목들의 주요 가격, 즉 매매 신호 가격들을 잡아내는 울티마 시스템을 완성하는 데 성공했다.

앞서 5가지 사례의 실전 추세 추종 매매에서 입질 매수와 추가 매수의 가격은 모두 울티마 시스템의 알고리즘으로 추출한 것이다. 이후 지난 17년간 울티마 시스템은 실전 매매를 거치며 더욱 정교하고 치밀하게 발전했다.

UPM은 울티마 포지션 매니지먼트Ultima Position Management의 약자다. 미국은 '추세 추종 매매' 전략의 역사가 깊고 현재 막대한 수익률을 올리는 추세 추종 매매 트레이더들이 여럿 있다. 하지만 대한민국에서 자생적으로 발전시킨 추세 추종 매매를 하는 트레이더는 별로 없는 것 같다.

다음은 2020년 4월과 7월, 울티마 시스템을 통해 뽑아낸 삼성전자의 주요 가격들이다. 당시 삼성전자 주가는 5만 원대에서 지리한 횡보를 하고 있었는데, 53,000원 아래에서 개인들의 매도가 계속되면서 좀처럼 53,000원 선을 넘지 못하다가, 이를 넘어선 뒤 57,300원을 상회하면서부터 상승 추세를 달리기 시작했다.

홍성학의 장중일기

삼성전자, 오늘 올라오는 부분 이용해 매도 안 돼

그동안 49,100원대에서 적당한 수준의 물량 소화 과정을 거친 삼성전자의 강세는, 삼성전자에 몰려 있는 개인투자자의 물건을 외국인에게 넘겨주는 역할을 하게 된다. 지금 삼성전자를 가지고 있는 이들은 오늘 올라오는 부분을 이용해 매도해서는 안 된다. 오히려 지금부터 추가 매수를 준비하는 것이 유리하다.

그러나 가격이 올라온 이후 추가 매수를 하지 않는 것이 일반적인 매매 패턴이다. 굉장히 팔고 싶어하는 가격대에 도달하였으며 단기적으로 51,300원, 53,000원에서 또다시 제한적인 움직임 아래 놓이게 될 것이므로 개인들의 적극적인 매도가 단행될 것이다.

:: 2020년 4월 17일 오전 시황

삼성전자의 중요 가격은 53,000원과 57,300원

개장과 함께 원화 강세가 전개되는 가운데 원달러 환율이 1,221원에 거래되고 있으며, 환율에 기인한 외국인의 순매수는 예상대로 강도 높게 나타나고 있다. 주 매수 대상은 삼성전자이다.

누차 강조했듯이, 원달러 환율에 반응하는 외국인 매수가 유입되면 삼성전자는 5만 원을 넘어서게 될 것이며 외국인의 매수, 개인의 매도로 이어질 수밖에 없다.

오늘 그러한 현상이 실제 나타나고 있다. 삼성전자에 대한 개인의 매도는 53,000원 이내에서 상당량 정리될 것으로 보이며, 그 매도 자금이 시장에 충분한 에너지 역할을 하게 될 것이다. 삼성전자의 중요 가격은 53,000원으로 해당 가격 아래에서는 개인이 불안감에 매도를 시작하고, 반등이 시작돼 55,500원에 도달하면 외국인의 매수가 시작된다.

그리고 금일 최고가인 57,300원이 중요하다. 이 자리에서 외국인의 매수가 본격적으로 시작되고 새로운 시세가 형성될 수 있게 된다.

:: 2020년 7월 28일 오전 시황

09

거래량을 보고
매매 판단을 하라

중심 가격을 포함해 주요 매매 가격을 알았다고 해도, 또 그 가격에 진입을 해도 주가가 오를지 말지는 알기 어렵다. 그 가격을 터치한 뒤 바로 밀려버릴 수도 있고, 그 가격을 넘어서 쭉 올라갈 수도 있다.

예를 들어 A종목의 매매 신호 가격이 1만 원이라고 하면, 이 가격은 박스권 상단이기도 하고 새로운 박스권의 하단이기도 하다. 무슨 말이냐 하면, 이 가격을 넘지 못하고 다시 원래 박스권에 갇힐 수도 있고, 이 가격을 넘어섰을 때는 상승을 해서 새로운 박스권으로 들어갈 수도 있다는 얘기다. 그것을 어떻게 알 수 있을까?

여기서 매우 중요한 매매 판단 기준이 '거래량'이다. 거래량은 주식 매매의 핵심이다. 거래량과 주가의 상관관계를 직감적으로 알 수 있으면 좋겠지만,

그런 능력이 쉽게 생기지는 않는다. 일단, 기준 가격을 돌파하면서 평소보다 훨씬 많은 거래량이 터지면 매수세가 강한 것이므로, 상승 여력이 충분하다고 볼 수 있다.

거래량이 늘어나면서 올라갈 때는 매수하면 된다. 반대로, 거래량이 많지 않으면서 기준 가격을 넘어설 때는 주가 추이를 지켜보며 신중하게 대응해야 한다.

반대로 기준 가격을 돌파한 뒤 다음 가격까지 올라가지 못하고 밀려 버릴 때는 팔아야 할지 계속 보유해야 할지 판단해야 한다. 그리고 이때도 거래량을 잘 봐야 한다. 거래가 터지면서 밀리면 매도해야 한다. 매물이 대거 쏟아지면서 주가가 더 밀려 버리기 때문이다.

이와는 달리 거래량을 죽이면서, 즉 거래량이 많지 않으면서 쉬어가는 양상을 보이면 기다리는 게 좋다. 매물이 적게 나오면서 소화가 되면, 즉 더 나올 매물이 없어지면 주가는 돌려서 올라가기 십상이다.

홍성학의 장중일기

쉬어가는 종목의 거래가 증가하면 매도 준비

적절한 시세 균형을 맞춰가는 구간이기에 쉬어가는 종목의 거래 감소, 광범위한 반등 종목들의 거래 증가 여부를 장중 체크해야 한다. 쉬어가는 종목의 거래가 증가하면 매도 준비를 해야 하며, 반등 종목의 거래 증가가 이루어지지 않으면 대응할 필요가 없기 때문이다.

:: 2020년 6월 30일 오전 시황

주가와 거래량의 상관관계에 대해 좀 더 알아보자. 거래량의 변화가 생기는 이유는 실적 변화를 비롯한 내부 진행 프로젝트의 성공 여부, 시장 내 매수·매도의 추세, 현재의 시장 상황과 연결되는 부분 등 일반인은 모르는 내용들을 누군가는 선제적으로 알고 매수나 매도에 나서고 있기 때문이라고 볼 수 있다. 중요한 포인트는 가격이 움직이면 거래가 증가하고, 거래가 증가해야 가격이 움직인다는 점이다.

특정 종목을 매매할 때 거래량의 변화를 예의 주시해야 하는 이유와 판단 방법에 대해서 아래에 정리해보았다. 종목들의 총합인 주식시장은 매수와 매도, 즉 '사자와 팔자'의 힘겨루기 속에서 하루를 보낸다. 매수세가 강하면 종목들이 올라 지수가 상승하고, 반대의 경우엔 지수가 하락한다.

시장의 매물이 많으면 주가가 오르기 힘드므로 빠진다. 반면 매물이 줄어들거나 나올 매물이 없으면 주가 상승 탄력은 강해진다. 이 같은 원리가 작동하기 때문에 매물 체크는 시장의 움직임을 판단하는 지표가 된다.

거래량과 주가의 상관관계

거래는 증가하는데 가격 변화가 없는 경우
- 특정 종목을 보유하고 있는 사람은 언제나 존재한다. 특히 오랫동안 그 종목을 들고 있었던 사람들은 그 종목의 히스토리를 잘 알 수밖에 없다. 주가가 특정한 가격대에 오면 물려 있던 투자자들이 매도를 단행한다. 이때 그 종목의 특정 호재 정보를 선제적으로 취득하고 인지하는 사람이 주가 상승을 기대하고 선취매하는 사람들이 증가했을 가능성이 높다.
- 매수자의 증가가 거래량의 증가로 나타남

가격과 거래량이 동반 상승할 경우

- 일반 시장 참여자들 중에서 열심히 시세를 트레킹하고 호재를 찾는 사람들이 해당 종목에 뭔가 변화가 일어나고 있다는 것을 인지하고 동참하게 되는 경우
- 상승할 수밖에 없는 이유가 시장에 노출되면서 매수자가 증가하고(거래량의 증가) 가격 상승
- 상승 시 시세의 흐름은 매수자가 매도자가 되고(얕은 수익 실현), 매도자가 매수자가 되기(얕은 수익 후 재매수) 때문에 상승이 느리고 더디게 진행된다.

하락이 진행되는 구간에서 거래량의 증가

- 하락의 속도가 굉장히 빠르며, 이때는 매수가 사라진다.
- 매도자가 증가하고 매수자가 사라질 때의 가격 급락 현상

급락 후 또다시 거래량이 증가하는 경우

- 상단에 물려 있던 사람들이 단기간 하락폭이 크게 나타나면서 단가를 낮추는 저가 물타기를 하는 경우
- 거래량 증가가 장중 일시적으로 나타날 수 있지만, 가격의 리바운딩(도약)은 나타나지 않는다.
- 대체적으로 한 단계 밀림

마지막 거래량의 증가

- 상단에 물린 사람과 저가 물타기를 한 사람들이 공포감에 의해 전부 매도함으로써 거래량이 증가하는 경우

그 후 거래량이 감소할 경우

- 가격의 움직임과 관계없이 거래는 전반적으로 감소하고, 거래 감소의 주 원인은 상단에 물린 사람(손실이 최소 30% 이상 되면 못 판다)들이 현저하게 낮은 수준에서 가격이 전개될 때 거래가 지속적으로 죽어 지내는 경우

하락 시 거래 규모 크지 않다면 매도 NO!

전일 시황에서 언급한 바와 같이, 현재 시장에서 형성되는 거래의 형태는, 테마로 인해 움직이는 종목들을 제외할 경우, 대다수 종목들이 가격이 쉬어가는 구간에서 철저하게 거래를 죽여주고 있다. 즉, 적극적인 매도 의사가 없거나 마땅히 팔 물건이 없는 경우에 해당한다.

시장 상황에 대한 불안 심리로 인해 매수에 적극적 대응을 하지 못하기에, 거래의 급감 형태가 나타나고 있다. 이는 시세가 전개되는 과정에서 매우 중요한 부분이라 할 수 있다.

가격이 쉬어가는 구간에서 적극적인 거래가 이루어질 경우, 그 가격대에서 압력을 받게 되는 요인이 계속 발생하게 되며, 그런 과정이 이어지면 시세의 벽이 높아진다. 그러나 지금과 같이 쉬어가는 구간에서 철저하게 거래를 죽여주는 형태는 매수자의 위축에 의한 거래 감소라 볼 수 있다.

이러한 거래의 특징은 가격의 되돌림이 전개될 경우 시세의 압박 강도가 현저히 낮아지게 된다는 것이다. (중략) 하락 시 거래 증가가 평소보다 큰 종목들의 경우에 일부 매도 대응도 필요하나, 거래 규모 자체가 크지 않다면, 지금 구간은 잘 넘어가야 할 때이다.

:: 2020년 5월 12일 오전 시황

팔 매물이 없으면 매수할 수밖에

시장을 압박하는 요인이 크게 증가하고 있는 상황이다. 시장 참여자의 심리적 불안감은 코로나로 인해 시장의 급락이 전개되던 지난 3월의 불안감과 비교해도 결코 덜하지 않을 것이다. 또한 그로 인한 매도 압력 또한 매우 높은 것이 사실이다.

그렇다면 시장은 어떻게 전개되어야 할까? 시장은 하락의 속도가 빨라야 한다. 심리적 불안감이 큰 구간에서 매수세는 크게 위축되어야 하고, 매도자의 증가로 인해 하락 속도가 빨라져야 하는 것이다.

그러나 현재 시장은 그런 모습이 나타나지 않고 있다. 매도 욕구는 상당히 강하다. 그럼에도 불구하고 매도 의지는 약하다. 이유는 간단하다.

팔 수 있는 물건 자체가 별로 없기 때문이다. 이미 조금의 이익이라도 발생한 종목들에 대해서는 매도를 단행한 상태이며, 현재 보유 중인 종목들은 현 가격대에서 손해를 보고 팔기에는 여전히 미련 또한 크므로 팔 수가 없다. 현재 거래 중인 가격도 매수 가격과의 괴리가 크다.

즉, 지금은 모두가 팔고 싶어하는 구간이며 하락해야 하는 구간이지만, 팔 수 있는 물건이 없는 상태이다. 이러한 구간에서 이미 시장에 노출된 악재로 인한 추가 하락의 가능성은 높지 않다.

절대다수가 불안해하고 빠져야 한다고 생각하는 구간에서는 빠져야 한다. 그러나 지금은 그러한 현상이 나타나고 있지 않다. 오히려 예상보다 나은 실적을 보여주는 종목들에 대한 반응이 생각보다 크게 나타나고 있다. 매도하고 싶어도 매도할 물건이 없다면, 매수할 수밖에 없다.

젊은 시절 증권사에 다닐 때 모시던 지점장님의 말씀이 떠오른다.

"약정해라."
"살 돈이 없는데요"
"그럼 팔아."
"팔 주식이 없는데요."
"나가서 돈 구해 와."
"네."

:: 2020년 5월 13일 오전 시황

거래 변화 없는 가격 변화는 아무것도 아니다

현재 시장은 단기적 수급 불균형에 놓여 있다. 이 부분으로 인해 장중 시세의 변화가 빠르고 크게 나타나고 있다. 그러나 특징적인 점은 거래가 수반되지 못하고 있다는 것이다.

큰 거래 없는 가격 변화는 거래자들로 하여금 시세의 본질보다는 외형적인 움직임에 반응하게 만들고, 그로 인해 보유 중인 주식을 좀 더 손쉽게 처분하고 재매수를 반복하게 한다. 즉, 주식을 끌고 가지 못하게 하고 매매만 하게 만든다.

거래의 변화가 없는 가격 변화는 단기적이고 심리적으로는 영향을 주지만, 시세를 형성함에 있어서는 아무것도 아니다. 시장이 불안하게 할수록 대범해져야 한다.

:: 2021년 2월 24일 오전 시황

10

주도주에 편승하라

추세 추종 매매 기법을 이용해 상승 추세의 시작 단계에서 '입질 매수 →
추가 매수'를 거쳐 상승 흐름을 타며 수익을 키워 나가는 방법에 대해 알아봤
다. 주요 가격에 도달하면 거래량을 보면서 힘이 강한지 약한지를 타진해 매
매해야 한다는 점도 설명했다.

그렇다면 어떤 종목을 사야 하는가? 이왕이면 시장 중심 종목, 그중에서
도 주도주를 사야 한다. 주도주는 말 그대로 가장 힘이 강한, 시장에서 두각
을 나타내는 종목들이다.

세상의 변화와 기술의 발전, 업황과 기업 실적의 호전이 맞물리면서 주도
주가 탄생한다. 미리 주도주가 될 종목들을 중심으로 입질 매수를 하면서 좁
혀 나가다 보면 어느새 가장 강한 상승 탄력을 가진 주도주들만 내 계좌에 남

게 된다. 가장 강한 종목들이 주도주이기 때문이다.

시장 중심 종목과 시장 주도주의 차이

시장 중심 종목
시장의 상황이 뚜렷한 방향을 갖지 못한 상태에서 상대적으로 우월한 움직임을 기록하고 있는 종목들

시장 주도주
해당 종목의 상승 논리 + 관련 업종의 상승 논리가 모두 갖춰진 종목들

결국 시장 중심 종목군에서 시장 주도주가 수면 위로 도출된다.

홍성학의 장중일기

주도주, 비싸게 진입한 듯하지만, 그때가 그나마 싼 가격

시간이 지나서 보면, 비주도주의 경우 진입한 가격대에서 크게 벗어나지 않는 수준에서 여전히 거래가 이루어지는 반면, 주도주의 경우 비싸게 진입한 듯하지만 그때가 그나마 싼 가격이었다는 것을 인지하게 될 것이다.
지금은 강세장이고, 주식은 매매가 아닌 보유이다.

:: 2020년 12월 18일 오전 시황

평이한 시장에서 시장보다 강한 종목을 시장 중심 종목이라 한다. 그러나 시장 참여자들은 이 종목에 확신을 갖지 못한다. 주가의 변화가 상대적으로 시장보다 우월한 면을 보이기 때문에 시세에 부담을 가지게 된다. 많이 오른 것처럼 보이니 사면 떨어질 것 같은 것이다.

또한 주가도 시세의 연속성이 떨어진다. 오르고 나면 내리고, 다시 쉬다가 오르는 과정을 반복한다. 그런데 시간이 지날수록 어느새 가격이 올라서 '진작 살 걸' 하게 된다.

그런데 시장 중심 종목이 주도주는 아니다. 다만 가능성이 있다. 해당 종목의 기본적인 실적과 해당 종목이 속해 있는 업황이 좋고, 세상의 시류와도 맞아떨어지게 되면 언제든지 시장 중심 종목군에서 시장 주도주가 될 종목이 나올 수 있다.

이렇게 시장 주도주가 만들어지면 차트를 보지 않아도 올라간다. 그것도 매일 올라간다. 시장 중심 종목일 때는 '오르다 내리다'를 반복하지만, 주도주로 명명되면 모든 사람들이 매수하려고 하기 때문에 밀려 올라가게 된다.

주도주가 만들어진 후에 잡겠다고 생각하면 늦는다. 그래서 시장 중심 종목 중에서 입질 매수를 통해 차근차근 내 계좌를 구성하면서 끌어가다 보면 부진한 종목은 어느새 탈락하고 진정한 주도주가 될 종목만 가지고 있게 될 것이다. 이것이 추세 매매의 궁극적인 목표이자 시장 대응의 핵심이다.

평소에 주도주를 찾아 미리 종목을 피킹해놓고, 시장의 흐름을 타야 한다는 것을 잊지 말자.

11

휴식기를 견뎌라,
주식은 매매가 아닌 보유

주식투자를 하다 보면 매매 행위가 투자의 전부인 양 느껴지기도 한다. 돈이 있으면 무조건 사고, 오르지 않으면 팔아 버리고, 다른 종목을 찾아 다시 사는 매매 중독 현상을 심심찮게 볼 수 있다.

큰 수익을 내려면 좋은 가격에 주식을 사서 상승 추세를 타며 갖고 있어야 한다. 일주일에 수십 번 사고팔기를 반복하는 단기 매매로는 큰 수익을 내기 힘들다. 앞서 말했듯이 상승 추세의 초입 단계에 편승해서 그 상승 에스컬레이터가 끝나는 지점까지 그대로 타고 있어야 수익률을 높게 만들 수 있다. 사고팔기를 반복하다 보면 수수료 비용만 많이 들고, 얕은 이익밖에 남지 않는 경우가 많다.

좋은 주식을 무릎 정도에 사서 꾸준히 보유하려면 우선 잘 사야 한다. 주식을 산 후, 빠져서 손실이 계속 나면 길게 가져가기가 어렵다. 입질 매수에서 1차, 2차 매수를 거치면서 수익이 난 상태가 되고, 지루하게 횡보를 하거나 조정을 보이며 밀리더라도 상승 추세가 살아 있는 한 보유해야 한다. 그래야 큰 수익을 노릴 수 있다.

주식투자의 본령은 주식을 사고파는 '매매'에 있지 않다. 상승 추세의 주식을 사서 길게 끌고 가는 '보유'를 통해 수익은 눈덩이처럼 불어나게 된다. 그러려면 휴식기를 잘 견뎌야 한다. 조정과 횡보를 하는 동안 지겹더라도 추가 상승을 기다리며 진득이 버텨야 한다. 지겨움에 가득한 매물들이 정리된 후 시세는 매우 가벼워지는 법이다.

만약 기다림에 지쳐 주식을 팔면서, 오를 때 다시 사면 되지 않느냐고 생각한다면 낭패를 볼 수 있다. 상승 추세 종목들은 횡보하다가 갑자기 툭 하고 튀어 오르는 경우가 많다. 이렇게 올라 버리면 따라 들어가기가 쉽지 않다. 추격 매수를 했다가 바로 물려 버릴 수도 있다.

급등주를 찾아내 몇 분, 몇 시간 만에 팔고 나오는 데이 트레이더들도 있지만, 긴 호흡으로 큰 수익을 내려면 휴식기를 견뎌내는 인내가 필수다. 어제의 큰 상승을 보여준 종목은 그 종목에 대한 지겨움을 극복한 자들의 몫이며, 오늘 큰 폭의 상승을 보여주는 종목은 역시 지겨움을 극복하고 보유하고 있던 자가 누릴 몫이다.

주가가 적절한 휴식을 취할 때 떠나면 안 된다

시장 중심 종목군이라 해도 매일 강하게 움직이지는 않는다. 적절한 휴식을 취하면서 시장 참여자들이 떠나가게 만든다. 따라서 이들 종목이 진짜 시장 중심 종목인지 명확하게 알기 어렵다. 그러한 과정이 반복된 후, 드디어 슈팅 구간에 들어서서 시세 분출 현상이 연일 이어질 때, 절대다수의 시장 참여자들은 그 종목들을 추종하며 따라 가게 된다.

:: 2020년 4월 10일 오전 시황

단기 상승폭이 클 경우 최소 1~2주 쉬어간다

짧은 시간 내 상승한 종목이라면 최소 1주일에서 2주 정도의 휴식기를 갖게 된다. 문제는 바로 이러한 휴식기의 시간을 이겨내기 힘들다는 것이다.

장중 시세에 민감하게 반응할수록 쉬어가는 구간을 슬기롭게 넘기지 못하게 되고, 잦은 매매를 통해 시장의 흐름에 역행하는 매매를 하게 된다. 따라서 지금은 적절한 시장 중심 종목군으로 포지션을 구축한 후, 최대한 매매 자체를 자제하는 절제력이 필요한 상황이다.

:: 2020년 11월 17일 오전 시황

12 평가익을 갖고 있어야 버틴다

주식은 은근한 끈기로 보유할 줄도 알아야 한다. 하지만 적지 않은 손실이 나 있는 상태에서 맘 편하게 기다리기란 정말 어렵다. 시장이 하락폭을 키울 때마다, 악재 소식들이 들려올 때마다 가슴이 철렁철렁한다.

이에 비해 수익이 나 있는 상태라면 보다 쉽다. 빨리 이익을 확정 지으려는 조바심만 제어한다면, 주가가 오르락내리락 횡보해도 그다지 마음이 불편하거나 걱정되지 않는다. 이익이 나 있는 상태여서 그렇다.

평가이익을 가지고 조정이나 횡보하는 것을 버티며 상승을 기다리려면, 입질 매수를 해서 오르지 못하는 종목들은 손절매, 즉 잘라 내야 한다. 이때 발생하는 손실은 매우 작은 규모이므로 매매의 필수 비용 정도로 생각하면 된다. 전체 계좌의 2% 정도를 입질 매수했다가 손실이 나면 손절매를 해도 총 원금에 별반 차이가 나지 않는다. 절대 한 방에 지르지 말라는 설명은 앞에서 자세히 한 바 있다.

평가이익을 갖고 있는 상태에서는 주가가 빠지더라도 손실이 나는 게 아니라 이익이 줄게 된다. 원금은 다치지 않는다.

주식투자의 세계에서는 시장에서 퇴출되지만 않으면 돈을 벌 기회가 있다. 하지만 큰 손실이 나서 원금이 다 날아가 버리면 주식으로 돈을 벌 기회가 사라진다. 시장에 남아 있어야 돈을 벌 수 있다.

평가이익을 갖고 상승 추세를 기다리려면 처음에 잘 사야 한다. 잘 파는 것보다 중요한 것은 잘 사는 것이다. 상승 초기 1~2%의 입질 매수를 해서 상승하는 종목을 잡아 타는 것이 핵심이다.

홍성학의 장중일기

버틸 수 있는 동력은 수익

고객예탁금 대비 신용융자 비율이 35%를 넘어섰다. 과거 고객예탁금 20조 원 시대였을 때, 신용융자 비율 40% 전후에서 시장에 충격이 가해졌다. 최근 고객예탁금이 50조를 넘어서고 있기에, 신용융자 비율 35%는 절대 금액으로 상당히 높은 수준임에는 분명하다. 따라서 시장은 스스로 매물 소화 과정을 거쳐야 한다.
이 구간에서는 버티고 이겨내야 한다. 하지만 버틸 수 있는 동력은 수익이다. 확보된 수익이 없는 시장 참여자는 버틸 수 없다. 일반 투자자들이 이익 상태의 종목, 혹은 손실이 적은 종목을 매도하여, 손실이 가장 큰 종목으로 집중해 단가를 낮추려는 노력을 가장 많이 하는 구간이다.

하지만 지금은 손실이 가장 큰 종목으로 집중해 단가를 낮추는 것이 아니라, 손실이 가장 큰 종목을 잘라 손실이 가장 적거나 이익 상태의 종목으로 교체하는 작업이 필요하다. 그래야만 시장의 가격 조정이 마무리되고 돌려주는 구간에서 가장 빠른 회복 및 수익을 창출할 수 있다.

:: 2020년 9월 22일 오전 시황

단기 충격에도 평가익 상태라면 버틸 수 있다

문제는 지금 구간에서 평가손실을 기록하게 될 경우 버텨낼 힘이 없다는 것이다. 반면, 단기 충격에도 불구하고 평가익 상태라면 버틸 수 있는 힘이 있다.

특히 오늘처럼 매물을 받는 구간에서는 철저하게 응징당할 만큼 큰 폭의 가격 조정을 거치는 것이 유리하다. 아무래도 평가익 상태의 거래자보다는 평가손 상태의 거래자가 많기 때문이다. 즉, 뒤늦게 따라붙은 평가손 상태의 거래자들이 버티지 못하고 탈락하게 만들기에 이 구간 이후 시장은 더욱 탄력적으로 변하게 된다.

그리고 그때가 되면 절대다수의 시장 참여자들은 또다시 매우 공격적인 대응을 할 수밖에 없다.

:: 2020년 8월 12일 오전 시황

13 종목 수익률 NO, 계좌 수익률 YES

투자자들의 계좌를 들여다보면 이익이 난 종목과 손실이 난 종목이 뒤섞여 있다. 대개의 경우 수익이 난 종목은 빨리 팔아서 이익을 취하고 싶고, 손실이 난 종목은 손실이 난 상태에서 본전이 올 때까지 기다리고 싶다. 그래서 대체로 손실이 난 종목을 오래 가지고 가는 경우가 많다.

그림 4-10의 위아래 계좌는 수익률 합계가 같다. 내 계좌에 '수익을 낸 종목이 많으냐, 손실을 낸 종목이 많으냐'의 차이만 있을 뿐이다. 손실을 낸 종목으로 큰 수익을 내겠다는 생각보다는 본전이 오면 팔겠다는 마음일 경우가 많다. 그런데 이렇게 손실이 난 종목을 계속 들고 가다 보면 결국은 내 계좌 전체의 수익률은 항상 마이너스 상태를 면하지 못한다.

추세 매매는 추세가 시작되는 종목을 찾아 그 시세를 온전히 누리는 매매

이기 때문에 하락하는 종목을 가지고 있을 이유가 없다. 따라서 손실이 나는 종목은 자르고, 수익이 나는 종목만 보유하게 된다. 추세 매매를 하면 내 계좌가 수익이 난 종목으로 빨갛게 물들어 가는 것을 볼 수 있다.

▬▬▬ 그림 4-10 | **추세 매매를 통한 포트 운용 방법**

A종목 -30%	B종목 +5%	C종목 +10%	D종목 +15%	수익률 합계 0%
A종목 +30%	B종목 -5%	C종목 -10%	D종목 -15%	수익률 합계 0%

Chapter

05

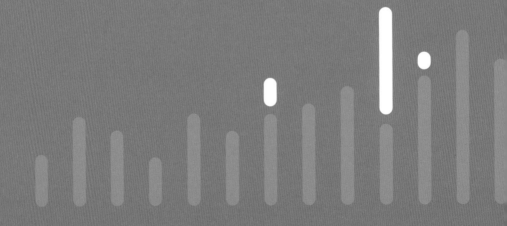

폭락을 대하는 자세, 돌려줄 때 올라타라

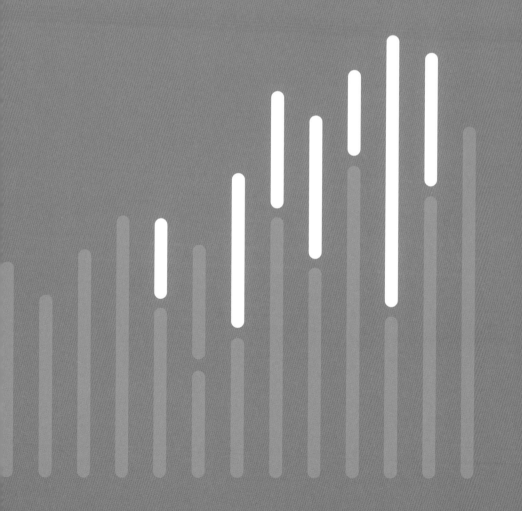

01 지나면 '언제 그랬느냐' 하는 것이 폭락장

2020년 3월 19일의 대폭락은 기록적이었다. 하루에 10% 내외의 폭락은 흔치 않은 일이다. 이런 시장 붕괴 상황을 겪을 때 어떤 자세를 가져야 할까?

대폭락이 오기 전에 시장은 하락을 반복하는 경우가 많다. 하락이 길어지면 투자자들은 매우 불안해진다. 이럴 땐 현금 비중을 늘리는 것이 좋다. 더 빠진 주식을 살 수 있는 현금을 미리 확보하는 것이다.

대폭락이 발생하면 어떻게 해야 하나? 투매를 하는 것은 의미가 없다. 곧 반등이 뒤따르기 때문이다. 모두가 두려움에 떨던 2020년 3월 13일, 그리고 기록적인 폭락을 보인 2020년 3월 19일 상황으로 되돌아가 보자.

두려운가? 그렇다면 보유 비중의 50%를 팔아라

불안하고 두렵다. 그리고 무섭다. 내일은 없을 것 같다. 그 이상 다른 표현으로 현재의 시장을 설명하기는 어렵다. 평가손실과 확정손실 사이에서 고민할 수밖에 없다. "무서운가? 두려운가? 그렇다면 보유 비중의 50%를 팔아라. 그렇다면 두려움은 사라질 것이다." 해외 유명 트레이더의 말이다.

대형 악재에 따른 급락 시에는 일단 소나기를 피하는 자세로 버텨야 한다. 일시적인 급락 뒤에는 반등이 따라오기 때문이다.

:: 2020년 3월 13일 오전 시황

지금은 이기는 것이 아니라 버텨야 하는 구간

시장이 붕괴되었다. 전일 오후부터 시작되었던 급매물들의 엑소더스가 단행되고 있다. 가격, 상황 볼 것 없이 던지고 보는 상황이다. 삼성전자에 대한 개인들의 매수를 제외하고는 개인들의 투매가 본격화되고 있는 것이다.(중략)

대형주, 중소형주, 우량주, 비우량주 구분 없이 동반 하락 중이다. 누차 강조한 바와 같이 신용분에 대해서는 반대매매가 단행되어야 한다. 버틸수록 자금만 낭비하게 된다. 이미 2주 전, 불안하면 일단 일부라도 현금을 확보해야 심리적 안정감을 가질 수 있다고 강조했다. 하지만 아직도 현금 비중 없이 주식으로만 가지고 있다면, 지금은 일단 버텨야 한다. 그러나 현재 구간에서 정말 버틸 자신이 없다면, 지금이라도 일부를 매도해 현금을 확보하라. 그러면 심리적 안정감은 현금 비중보다 높아질 것이다. 지금은 이기는 게 아니라, 버텨야 하는 구간이다. 더불어 성급한 매매에 나서지도 말아야 한다.

:: 2020년 3월 19일 오후 시황

그림 5-1 | 코스피지수 변화(2020년 3월~2021년 4월)와 2020년 3월 저점

(출처: 미래에셋증권)

그림 5-2 | 코스닥지수 변화(2020년 3월~2021년 4월)와 3월 저점

(출처: 미래에셋증권)

지난 2020년 3월 대폭락을 겪은 이후, 2021년 1월 코스피지수가 3,000포인트를 돌파하는 기간 동안 데자뷔 같은 힘든 하락 시기들이 있었다. 시장은 그렇게 무섭게 흔들어주며, 심약하고 불안한 투자자들을 시장에서 털어내고 몸집을 가볍게 한 뒤 다시 재상승을 거듭해왔다.

2021년 1월 코스피지수가 3,000포인트를 넘자 주식투자를 하지 않던 사람들까지 계좌를 틀고 시장에 뛰어들었다. 하지만 1월 11일 코스피지수가

3,266.23포인트를 찍은 뒤 두 달 가까이 조정장이 이어지면서 상당수 종목들은 30~50% 하락했다. 시장 참여자들은 손실이 커져 그 전에 벌었던 수익이 모두 날아가는 고통을 겪었다.

풍력주의 대표 종목인 씨에스윈드의 경우 2월 8일 장중 108,000원을 찍은 지 한 달 만인 3월 8일에 58,600원으로 주저앉아 45.7%나 주가가 빠졌다. 한 마디로 반토막이 난 셈이다. 2차전지 소재 업체인 일진머티리얼즈도 2월 18일 82,300원까지 올랐지만 3월 10일 62,500원으로 24% 하락했다.

특히, 유가증권 시장보다 하락폭이 컸던 코스닥시장은 2월 18일부터 5거래일 연속 하락해 코스닥지수가 967.42에서 906.31포인트로 내려앉았다. 이어 3월 4일부터 4거래일 연속 빠져 900포인트도 무너졌다. 2월 18일 967.42에서 3월 10일 890.07로 낙폭은 7.99%였다.

통상 종목 가격의 총합인 지수가 8% 정도 빠졌다면 개별 종목의 경우엔 20~30% 빠진 종목들이 속출한다. 미국 국채 금리 상승에 따른 불안 심리가 한국 증시를 억누른 후유증이다. 하지만 '언제 그랬냐'는 듯 코스닥시장은 3월 11일부터 반등을 시작해 3월 17일까지 5거래일 연속 상승했다.

2021년 2~3월만 그런 게 아니다. 2020년 8~10월 조정장은 V자 반등 이후 첫 조정장으로 더블딥 공포가 컸다. 이 조정장은 세 번의 단기 하락을 연출했다. 코스피 종가 기준으로 첫 번째는 8월 12일~20일에 −6.5%, 두 번째는 9월 15일~24일에 −6.99%, 세 번째는 10월 8일~30일에 −5.2%다.

2020년 하반기 조정장

1차: 8월 12일~20일 −6.5%

2차: 9월 15일~24일 −6.99%

3차: 10월 8일~30일 −5.2%

▨▨▨▨ 그림 5-3 | **코스피지수 2020년 8~10월 조정장**

(출처: 미래에셋증권)

▨▨▨▨ 그림 5-4 | **코스닥지수 2020년 8~10월 조정장**

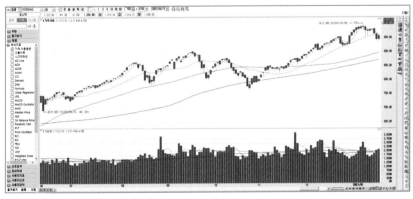

(출처: 미래에셋증권)

세 번의 단기 폭락장을 겪은 투자자들은 시장이 다시 대폭락하는 더블딥이 온 것이라며 크게 동요했다. 특히 11월 4일 미국 대선이 임박하면서, '트럼프 vs. 바이든'의 선거가 불복 사태로 이어져 대혼란이 올 수 있다는 위기감마저 돌면서 투매 현상까지 나타났다.

그러나 10월 말부터 하락을 멈춘 코스피지수는 미 대선 결과와 상관없이 꾸준히 상승해 끝내 1월 11일 3,266.23을 기록했다. 이렇게 시장은 오르락내리락을 반복하는데, 하락과 폭락장에서는 당장 시장이 붕괴될 것 같은 공포와 불안감이 엄습한다. 하지만 이 시기를 지나고 나면 언제 그랬냐는 듯이 시장은 붉은색으로 물들며 빠르게 안정감을 회복한다.

투자자들이 하락장에서 견디기 힘든 것은 내 계좌 손실이 눈덩이처럼 불어나고 있을 뿐만 아니라 이 하락 행진이 언제 끝날지 알 수 없다는 두려움 때문이다. 참다 참다 계속된 하락 끝에 더 크게 빠지는 날이 오면 결국 군중 심리로 인한 투매 현상이 나타난다. 이때 그동안 나왔던 매물에 더해 마지막까지 버티던 매물까지 싹 정리되면서, 가벼워진 시장은 터닝을 하게 된다.

반대로 시장이 상승을 이어가면 마치 상승장이 무한대로 뻗어나갈 것 같은 느낌이 된다. 너도나도 많이 오른 종목을 보며 '더 오를 텐데 지금이 싼 거야'라면서 뇌동매매에 나선다. 종목들마다 덥석덥석 매수가 늘어나면서 높은 가격대에서 산 매물들이 쌓이게 되는 것이다.

결국 주식을 들고 있는 사람들은 아주 많아졌는데, 추가로 사줄 사람은 급격히 감소하게 된다. 더 사줄 사람이 없어지면 매수세가 약해진 상태에서 조금만 매물이 늘어나도 주가는 하락한다.

그때부터 주가는 바닥을 향해 한동안 하락한다. 버티던 사람들이 하나둘 나가떨어지기 시작하고, 급기야 악재들이 부각되면서 투자 심리가 극도로 불안해져 큰 폭의 하락을 하게 된다.

이 사이클을 이해하면, 단기 하락과 폭락장은 고가에 산 매물을 털어내는 다이어트 기간, 혹은 다시 비상을 준비하는 에너지 축적 기간으로 볼 수 있다. 평가이익을 보고 있다면 그리 길다고 볼 수 없는 지루한 하락장과 일시적으로 급락을 보이는 단기 폭락장에서 주식을 모두 던질 이유가 없다. 다시 반등해 올라오면서 재상승하는 과정이 눈앞에 있기 때문이다.

특히, 급락 직후 나타나는 반등 시에 서둘러 주식을 팔면 안 된다. 반등이 시작되고 있는데 다시 하락할 것을 우려해 팔아 버리면 더 오를 주식을 버리는 것과 같다. 마치 시장이 붕괴된 것 같았던 2020년 3월 19일에도 이런 실수를 저지르는 사람들이 아주 많았다.

홍성학의 장중일기

폭락 때 가장 많이 하는 실수는 반등을 이용한 매도 대응

신용, 담보를 사용해서 담보 부족으로 인한 반대매매에 나가야 하는 매물은 정리되어야 한다. 그러나 정상적인 주식 보유자들은 지금 구간에서 매도해서는 안 된다. 지금과 같은 구간에서 시세 반전이 나타날 경우, 매도 이후 다소 빠른 하락이 진행되었더라도 시세 반전 시 매도 가격을 빠르게 넘어서는 현상이 발생하기 때문이다.(중략)

지금과 같은 구간에서 일반적으로 가장 많이 하는 실수는 반등을 이용한 매도 대응이다. 지속적인 하락세로 인해 이미 지쳐 있기에 조금이라도 오르면 팔고자 하는 욕구가 강하게 발생한다. 하락 중에 처음 보는 상승이며, 또다시 급락이 이어질 수 있다는 불안감이 여전히 상존하고 있기 때문이다.

만약 팔고 싶다면, 얕은 반등을 이용해서 얼마 되지 않는 상승에 매도하는 것이 아니라, 반등 폭을 모두 반납하고 추가 하락이 시현될 때 하는 것이 오히려 유리하다. 사고 손해 보는 것도 힘들고 지치지만, 그보다 더 큰 심적 타격은 매도 후 올라가는 것이다. 지금은, 그 어느 때보다 조금 느긋해질 필요가 있는 시점이다.

:: 2020년 3월 20일 오전 시황

02 폭락장 속 투매 사태는 반등의 서곡

지난 2020년부터 시장 참여자들은 폭락장을 여러 번 경험했다. 특히 3월 18일과 19일의 폭락 때는 앞다퉈 주식을 던지는 '투매 현상'이 나타났다.

투매는 전형적인 군중 심리의 표출이다. 남보다 조금이라도 먼저 주식을 던져야 손해를 덜 보는, 그야말로 분초를 다투는 상황으로 인식하는 것이다. 순식간에 주가가 10%, 20% 푹푹 빠지면 이성은 마비되고 공포감에 손이 떨린다.

이런 패닉 상태를 경험한 사람은 여러분만이 아니다. 대부분 시장 참여자들은 '당장 도망가라'는 본능의 외침을 거역하지 못한다. 공포와 위협이 엄습하면 일단 그 자리를 피하려고 하는 게 인간의 본능이다.

그래서 폭락장에서 주식은 드라마틱하게 빠진다. 문자 그대로 폭탄을 맞은 듯 추락한다. '추락하는 것은 날개가 있다'라는 소설 제목과 달리 날개가 전혀 없는 것처럼 곤두박질친다. 그러나 투매는 사실 반등의 서곡이다.

한꺼번에 매물들이 홍수처럼 쏟아지고 나면, 더구나 하루가 아닌 며칠에 걸쳐 대거 매물이 정리되면 더 이상 팔 사람들이 없어진다. 더 나올 매물이 없으면 어떻게 될까? 조금만 매수가 들어와도 주가는 거래 없이도 쑥쑥 올라간다.

코스피 1,600p, 코스닥 500p가 무너지며 투매 양상

특히 전일 코스피지수 1,600p, 코스닥지수 500p가 무너지면서 개인들의 매도는 투매 양상으로 발전 중이다. 더불어 고객예탁금 대비 47% 수준이던 신용융자금은 이번 주부터 빠르게 감소 중이나, 아직도 약 22%로 고객예탁금 대비해서는 높은 수준이다. 지수의 하락율이 −30% 수준이고, 개별 종목들의 평균 하락율이 −50%에 달하고 있다는 점을 감안한다면, 신용융자금 비율은 15% 수준이 적당하다. 따라서 어제 오후 급격한 투매의 중심에는 신용융자분이 상당수 차지할 수밖에 없으며, 오늘 아침까지 반대매매분은 상당량이 될 것으로 보인다.

현재의 국면은 지난 2008년 11월 말에서 2009년 1월까지의 구간과 유사하다. 따라서 앞으로 좋은 가격에 좋은 주식을 살 수 있는 기회는 충분하다. 또한 시장보다 월등히 강한 시세를 형성하고 있는 종목들도 상당수 나타나고 있다.

성급한 대응보다는 이들 종목들을 타깃으로 삼아 방아쇠를 당길 준비를 하며 상황에 대한 트레킹을 해야 한다.

:: 2020년 3월 19일 오전 시황

개장 초 급격한 하락세, 시장의 무게감을 한꺼번에 정리하는 효과

우리 시장 역시 그동안 시장을 지배하고 있던 더블딥에 대한 두려움이 현실화된다는 확신과, 지난 코로나 상황에서 선제 매도를 하지 못한 후회가 가득한 심리에서 우선적으로 주식 비중을 줄이고 싶은 욕구가 그 어느 때보다 크게 작용하며 개장 초 급격한 하락세를 기록했다.

최근 시장에서 보인 다소 제한적인 흐름을 감안한다면, 오늘과 같은 흐름이 연출됨으로써 시장의 무게감이 한꺼번에 정리되는 효과가 나타난다.

특히 오늘처럼 개장 초 급격한 하락으로 출발하는 것은 시장을 위해 매우 바람직한 상황이며, 실제 그러한 흐름이 펼쳐지고 있다. 팔고 싶은 사람, 무섭고 불안하고 두려운 이들은 오늘 이후의 시장 상황을 예측하며 가격 불문 매도에 나서게 되고, 그 결과물이 개장 초 나타난 것이다.

:: 2020년 6월 12일 오전 시황

폭락 후에는 시원하게 다이어트한 종목들이 한동안 매물 부담 없이 급락 전 주가로 빠르게 회복하는 경우가 많다. 주가 그래프를 보면 급하게 많이 빠질수록 V자 반등을 하는 것을 흔히 볼 수 있다.

그러므로 폭락장에서 주식을 보유하고 있는 시장 참여자들은 이성을 잃고 투매에 동참하지 말아야 한다. 특히, 투매는 폭락의 끝에 나온다. 버티고 버티다 더 참을 수 없어 너도나도 주식을 던져 버리는 투매 뒤에는 항상 강한 반등이 온다는 점을 잊지 말아야 한다.

홍성학의 장중일기

미확정 손실에 대한 공포감 극대화로 극단적인 매매

신용 물량들의 반대매매가 출회되는 시기, 대다수 시장 참여자들은 더 이상 주식을 하지 않겠다는 극단적인 생각을 하곤 한다. 현재까지의 손실이 중요한 게 아니라, 앞으로 발생할 미확정 손실에 대한 공포감이 극대화되기에 극단적인 매매에 나서게 된다. 현재 시장에서도 그러한 흐름이 나타나고 있다. 극단적인 매매에 동참한다는 것은, 이후 시장 상황이 변할 때 가져갈 수 있는 수익을 포기한다는 의미다.

:: 2020년 10월 23일 오전 시황

투자자 유형은 다양하다. 그중 일 년에 한두 번만 매매한다는 사람들이 있다. 그들은 신문 등 매스컴에서 '주식시장 붕괴', '대폭락', '주식투자 실패로 자살'과 같은 무서운 얘기들이 나올 때 갖고 있는 현금으로 '줍줍'에 나선다. 어느 정도 오르면 수익을 실현한 뒤 한동안 주식시장을 거들떠보지도 않는다. 투매 뒤 강한 반등을 노린 매매 기법인 셈이다.

03 조정기에 나오는 매물은 많을수록 좋다

앞서 거래량이 주가 흐름을 결정짓는 관건이라고 설명했다. 주가가 빠지는 조정장이나 폭락장에서는 '매물이 얼마나 나오고 있느냐'의 관점을 가져야 한다. 어차피 빠질 바에는 매물이 많이 나올수록 향후 반등 강도가 세지기 때문이다.

그래서 조정장이나 폭락장 때 시장에 매물이 얼마나 소화되는지 면밀히 지켜봐야 한다. 불안한 시장 참여자들이 많을수록 매물은 늘어난다. 매물이 쏟아지는 순간에는 주가 하락폭이 크지만, 많이 나올수록 되감아 올리는 힘의 강도도 강하다.

다이어트에 성공한 종목들, 몸매 뽐내기 시작될 것

시간이 지날수록 시장은 매물에 대한 압박 부담이 줄어들게 되는 가운데, 다이어트에 성공한 종목들의 몸매 뽐내기가 시작될 것이다. 다이어트 중 일시적 배고픔을 이겨내지 못하는 종목들은 탈락하겠지만, 성공하는 종목의 수는 예상보다 크게 증가할 것으로 보인다.

:: 2020년 6월 9일 오전 시황

출회 매물 많을수록 좋아진다

지난주 이미 시장은 하단을 확인한 상태다. 당분간 계속해서 일정 수준의 등락 과정을 반복하는 구간이며, 이 구간 안에서 종목 간의 구분이 이루어질 것이다. 따라서 지금은 하루이틀의 움직임보다 매물 정리 이후 시장 내 중심 종목들이 중요해지는 상황이라 하겠다.

단기적으로는 여전히 매수보다는 매도를 자극하는 상황이 펼쳐질 것이며, 우리 시간으로 다음주 수요일인 미국 대선 전까지 시장 참여자들은 섣부른 대응을 삼가려는 심리가 강할 수밖에 없다. 하지만 대선 결과에 따른 유불리를 따지는 것보다 시장 내 불확실한 이벤트가 마무리된다는 측면으로 보는 것이 맞을 것이다.

금일 오전 개장 후 출회되는 매물은 불안하기 때문이다. 그러나 불안한 이들이 많을수록, 그리고 출회되는 매물이 많을수록 앞으로 더욱 좋아지게 된다.

:: 2020년 10월 30일 오전 시황

이미 팔 사람들은 다 팔고 나갔다

일반적으로 손절매는 매수 이후 손실율이 크지 않을 때 보다 적극적으로 하게 된다. 이미 코로나로 인해 깊은 내상을 경험한 시장 참여자들은 매매를 최대한 짧게 가져가고 있다. 그동안 많은 종목들이 큰 상승을 보여주었지만, 그 큰 상승을 온전히 본인 것으로 만든 투자자는 극소수에 불과하다. 매매 패턴 자체가 빨라지고 짧아져 있기 때문이다.

즉, 상당수 투자자들이 시장에 대한 확신이 부재한 상태에서 짧게 끊어 치는 매매에 집중했다. 이는 역설적으로 상단에 자리잡고 있는 매물 또한 없다는 것을 의미한다. 이미 팔 사람들은 필고 니갔기 때문이다.

특히 지난주부터 약화되는 상황에서 일시에 물량들을 대거 정리해 버렸기에, 전일 빈 작용에 의한 상승이 진행되는 과정에서 거래 공방 자체가 펼쳐지지 않았다.

:: 2020년 8월 20일 오전 시황

04

시세를 돌릴 때 올라타라

    폭락장에서 흔히 범하는 실수는 크게 세 가지다. 첫 번째는 폭락이 끝난 것을 확인하지 않은 채 주가가 내려갔다는 이유만으로 선뜻 매수에 들어가는 것이다. 실제로 지난 2020년 3월 폭락장 때 코스피지수 기준으로 1,900p, 1,800p, 1,700p 등에 도달할 때마다 시장 참가자들은 싼 가격에 매수할 수 있는 기회라 생각하고 저가매수에 적극적으로 나섰다가 큰 내상을 입었다. 단기간 내 30% 가까운 하락이 진행됐기 때문이다.

    '떨어지는 칼날을 잡지 마라'는 증시 격언을 명심해야 한다. 전보다 싸진 것은 맞지만, 주가가 어디까지 떨어질지 모르는데 자의적으로 판단해 싸다고 생각하는 것은 오류다. '고점과 비교해 10%, 20% 빠졌으니 싸다'라는 단순한 계산인데, 폭락장에서는 50% 하락하는 것이 다반사다. 바닥을 확인하고 사도 늦지 않다.

남들이 바닥을 확인해준 뒤에 나서도 늦지 않다

시세 바닥의 확인을 본인이 직접 하려고 해서는 안 된다. 다른 사람들이 바닥을 확인해준 이후 대응에 나서도 늦지 않다. 신용에 의한 매도가 아닌 이상 섣불리 매매에 나서면 안 된다.

:: 2020년 3월 17일 오전 시황(2)

끝이 나아 끝나는 것이다

세상이 무너진 것 같은 느낌이다. 그런데 과연 세상이 무너진 걸까? 그렇지 않다. 그럼에도 불구하고 시장에서는 과거 경험해보지 못한 상황이 펼쳐지고 있다.

지금과 같은 구간에서는 보통 테크니컬한 접근을 통해 반등 타이밍을 잡기 위한 노력을 하게 된다. 지난 2008년 금융위기, 2011년 그리스로부터 촉발되었던 남유럽 국가의 재정 위기 당시, 그리고 그 이전인 2000년 IT 버블 붕괴, 1997년 IMF, 1992년 자본시장 개방으로 인해 급등했던 저 PER 종목들의 붕괴 등, 세상이 사라질 것 같은 폭락 사태에서 기술적 지표 등을 통한 섣부른 반등 타이밍을 노리는 행위가 얼마나 어리석은 일이었는지 기억해야 한다.

지금은 위에서 언급했던 당시의 시장 폭락과는 비교할 수 없을 만큼 빠른 속도의 하락이 진행되고 있다. 물론 지금과 같은 빠른 급락은 그 이후 매우 빠른 시세 전환을 보여줄 것이다. 그러나 그러한 현상이 나타난 후 대응해야 한다.

지금 1개월 이상 개인들이 외국인의 매도 물량을 받아내고 있다. 아주 길게 몇 년 이상을 내다보는 관점에서라면, 분명 지금 외국인의 매도 물량을 받아낸 개인들이 이기게 될 것이다. 그러나 반등 타이밍을 노리고 접근하는 단기 성격의 매매라면 손실로 귀결된다.

왜? 지금의 시세 흐름은 악재로 인해 발생한 것이 아니다. 악재로 촉발되었으나, 시장 내 운용되고 있는 자금에 문제가 발생해 나타나는 폭락이란 말이다.

최근 계속 강조하지만, 이번 하락 과정에서 깊은 내상을 입은 헤지 펀드들이 있다. 그들이 겪고 있는 마진콜의 결과물로 폭락에 폭락이 이어지고 있다고 보면 된다. 추가 폭락은 또다시 수많은 헤지펀드의 마진콜 사태로 이어지게 될 것이다.

결국 국내 개인투자자들의 신용 반대매매 물량도 크게 확대될 수밖에 없다. 중간 중간 어설픈 반등을 노려서는 안 된다.

끝이 나야 끝나게 된다. 끝이 날 때까지 기다려야 한다는 말이다.

:: 2020년 3월 13일 오후 시황

폭락장에서 범하는 실수 두 번째는 귀신처럼 최저가에 사려는 태도다. 어떻게 최저가에 딱 맞춰서 살 수 있나? 사실상 불가능하고, 어쩌다 최저가에 샀다고 좋아해봤자 운일 뿐이다. '주가는 귀신도 못 맞춘다'는 증시 격언이 있다. 최저가는 지나봐야 알 수 있다.

홍성학의 장중일기

제일 싼 가격에 살 필요는 없다

그냥 대충 싼 가격대에 사도 충분하다. 오히려 문제는 제일 싸게 사려다가 심리적으로 조급해지는 것이다.

특히 지난주와 같은 급반등이 나타나면 초조함으로 몸살을 겪게 될 수도 있다. 제일 싸게 사려고 접근한 분들은 결국 좀 더 낮은 가격대에서 거래되는 상황을 견디지 못하고 처분하게 될 것이다. 시장은 그때까지 시간이 필요할 뿐이다.

:: 2020년 3월 30일 오전 시황

고가매수가 실제로는 저가매수가 된다

지난주 금요일 의미 있는 시세 반전을 통해 시장은 하락의 사이클을 일단락시켰다. 전일 급락은 지난주 금요일 상승에 대한 반작용이 나타나는 시기에 미국 선물지수의 하락이 연동되어 나타난 것이다. 전일 오전 코스피와 코스닥지수가 −6% 수준에 달했을 때 장중 방송을 통해 겁낼 필요가 전혀 없는 하락이며, 다만 지난주 목요일 기록했던 장중 저점의 지지 여부만 확인하면 되는 상황이라 설명드렸다.

하락이 진행되는 동안 저가매수를 하는 것이 아니라, 지난주 금요일과 오늘보다 과감하게 매수에 나서야 한다. 저가매수가 아닌 고가매수를 통해서 트레이딩에 나서야만 매수 이후 가격 하락의 상황을 경험하지 않는다. 펀더멘털 차원에서의 저가매수였다면, 추가 하락을 고통으로 여기는 것이 아니라 기쁨으로 받아들여야 한다.

항상 강조하지만, 고가매수가 실제로는 저가매수를 할 수 있는 원리이다. 반대로 고가매도가 아닌 저가매도가 실제로는 고가매도를 하게 만든다. 이것이 바로 추세 매매이다. 제대로 된 추세 매매를 실전에서 행하고 있는 것이 바로 UPM(울티마 포지션 매너지먼트) 매매다.

::2020년 3월 24일 오전 시황

폭락장에서 범하는 실수 세 번째는 반등하자마자 갖고 있던 주식을 모두 팔아버리는 것이다. 폭락할 때까지 잘 버티다가 나오는 반등을 보고 다시 급락할까 봐 무서워 버티던 주식을 쥐 버리는 것이다. 이렇게 하면 주식을 팔아버린 뒤 이어지는 긴 반등을 바라보며 오랫동안 쓴 입맛만 다셔야 한다.

05 폭락장은 교체 매매의 호기

폭락이 멈추고 반등에 나설 때, 반드시 해야 하는 매매가 있다. 반등 시 상승 탄력은 각 종목마다 다르다. 힘이 떨어지고 약해진 종목을 팔고 더 강하게 반등해 올라갈 종목으로 갈아타면 반등장의 수혜를 더 크게 누릴 수 있다. 주가가 하락하는 조정장이나 폭락장은 자신의 포지션을 더욱 단단하게 바꿀 수 있는 좋은 기회이다. 폭락장에서 교체 매매를 어떻게 하는지에 대한 실전 사례를 소개하겠다.

2021년 1월 19일 필자는 후성을 매수했는데, 이후 상승 추세가 진행되다가 하락 추세로 돌아섰다. 2020년 12월 말부터 2021년 1월 중순까지, 지수 3,000포인트를 넘는 급격한 상승에 따른 피로도로 인한 하락장 상황이었다. 따라서 그간 비중을 늘려 오던 후성의 시세가 약화되는 것을 포착해 전량 매도하고, 상승 추세를 보였던 일진머티리얼즈로 교체 매매를 했다.

단칼에 벨 수 있도록 칼날을 갈며 에너지 비축해야

아직 의미 있는 시세 전환의 모습은 나타나지 않고 있다. 하지만 급한 매물들의 정리가 이루어진 종목들 중심으로 추가 하락의 압박은 크지 않은 모습도 보여진다. 코로나19로 인해 제약, 바이오 쪽에서는 뉴스에 반응하는 속도가 매우 빠르게 나타난다. 이는 코로나19 상황에 대해 전 세계 시장이 워낙 심각하게 반응하고 있기에, 실제 상황에 비해 기대치가 크게 작용하기 때문이다. 지금부터 코로나19와 관련되지 않은 종목들 중 시세의 에너지가 상대적으로 강하게 형성되는 종목에 대한 시세 트레킹이 더욱 중요해지는 구간에 들어섰다.

모두가 힘든 상황이 이어지고 있다. 그러나 이는 또다시 모두에게 공평한 기회의 장을 마련해주는 것이라 할 수 있다. 기회를 내 것으로 만들기 위해서는 칼을 함부로 휘둘러 조기에 힘을 빼서는 안 된다. 단칼에 벨 수 있도록 칼날을 갈며 에너지를 비축하면서 기다리면 된다.

:: 2020년 3월 17일 오후 시황

[후성]	총 계좌 비중	주가	회차
2021년 1월 19일	2%	13,000원	1차 매수
1월 21일	2%	14,000원	2차 매수
1월 22일	1%	13,100원	3차 매수
1월 26일	1%	13,300원	4차 매수
1월 28일	보유 비중의 50%	12,000원	1차 매도
1월 28일	전량	12,000원	2차 매도

[일진머티리얼즈]	총 계좌 비중	주가	회차
2021년 1월 28일	2%	66,500원	1차 매수
1월 28일	1%	69,000원	2차 매수
1월 29일	1%	71,000원	3차 매수

━━━ 그림 5-5 │ **교체 매매 사례**

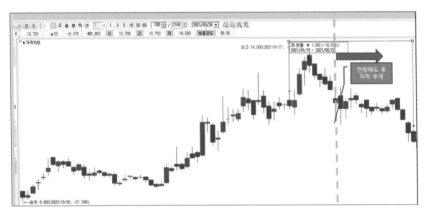

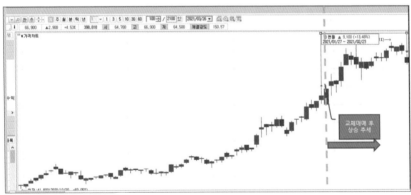

(출처: 미래에셋증권)

06

시장이 돌릴 때는
매수 후 물려도 좋다

시장 참여자들 대부분이 갖고 있는 잘못된 믿음이 있다. 주식투자는 예측을 잘해야 돈을 번다는 것이다. 시장의 움직임과 주가를 잘 예측할 때 투자에 성공한다는 말인데, 전제가 틀렸다.

수백, 수천 가지 변수로 움직이는 주식시장을 어떻게 맞출 수 있을까? 상장 기업의 내용도 속속들이 알 수 없고, 거래 참여자들의 생각과 움직임도 확인할 수 없는데 어떻게 내일 주가를 적중시킬 수 있느냐는 말이다. 알 수 없는 영역을 알 수 있다고, 다시 말해 불가능한 일을 가능하다고 생각하기 때문에 주식투자에 실패하는 것이다.

시장과 주식은 예단하는 것이 아니라 대응하는 것이라고 누차 말했다. 시장과 주가가 움직이면 거기에 맞게 대응하면 된다.

무섭게 급락한 직후에 반등을 했다면, 이 반등이 일시적인 것인지 추세적인 반등세를 이어나갈지 확신하기 힘들다. 그러다 보니 깊은 하락 뒤에 반등이 오면, 얕은 반등에서 갖고 있는 주식을 모두 처분하고 다시 하락하는 리스크를 피하려고 한다. 좀처럼 매수 버튼을 누르기 힘든 심리 상태가 된다. 그래서 폭락장 매매에서는, 하락이 끝나고 돌려주기 시작하는 하단에 도달했는지 여부를 판단하는 것이 무엇보다 중요하다.

하단을 확인하는 시그널은 두 가지인데, 무엇보다 매물이 중요하다.

시장을 지배하고 있는 악재가 지속됨에도 불구하고, 이전에 기록했던 동일선상의 가격대에서 추가 매물이 출회되지 않을 때가 하단 시그널이다. 즉 동일한 가격대에 악재는 유효한 상태이나, 거래의 추가 증가가 이루어지지 않고 거래가 감소하는 현상이 발생하면 하단으로 판단할 수 있다. 이는 시장 상황이 악화되고 있음에도 불구하고 더 이상 매도할 수 있는 물량이 없다는 것을 의미한다.

또 다른 시그널은 시장 분위기가 악화된 상태에서, 이전 하단을 확인한 시점보다 시장 상황이 더 좋지 못함에도 불구하고, 하단에 자리잡은 중요 가격대에서 선방하고 있을 때이다. 이 가격대가 오면 매수하겠다는 매수 대기자들이 호시탐탐 노리는 가격대인 것이다.

이렇게 시장이 폭락을 멈추고 돌려주는 때에는, 매수 후에 다시 밀려 물리는 경우가 생길지라도 과감하게 매수에 들어가야 한다. 시세 전환이 빠르고 되밀리는 구간에서 밀리지 않는 모습을 보여주는 종목에 대해서는 보다 적극적인 대응이 필요하다.

2020년 9월부터 2개월의 하락장을 끝내고 다시 상승을 시작한 10월 27일과 28일 당시에도 투자자들은 기술적 반등이라 생각해 팔기 바빴다. 하지만 사실은 적극적인 매수가 필요한 시점이었다.

홍성학의 장중일기

지금은 오히려 매수 후 물리는 것이 유리

금일 급한 매물의 정리 이후 시세 반전을 시도하는 국면에서, 시장 참여자들은 시세 전환을 인지하기보다는 오히려 매도의 기회로 여기게 되고, 매도 욕구가 강하기에 매수 대응에 대해서는 부정적일 수밖에 없다. 따라서 오전 일시적인 회복을 보여주더라도 장중 재차 되밀리는 현상이 발생하게 된다. 시세 반전을 시도하던 종목들의 흐름이 매물에 의해 재차 되밀리는 상황이 연출될 수밖에 없는 것이다.

그러나 그 시점에 매물을 받아내고 되밀리지 않는 모습을 보여주는 종목들도 나타나게 되며, 그러한 종목의 수가 많아지면 시장은 최근 지속된 급락에서 벗어나게 된다. 이미 지난주 초 시장의 하단을 확인한 상태이나, 안착하는 과정에서 몇 차례 더 추가 급락의 페이크를 제공할 것이다. 문제는 시장 참여자들이 그 흐름에 연동되어 반응하는 것이다.

현재 시장은 이러한 일련의 흐름들이 함께 나타나고 있다. 따라서 지금은 매도를 생각할 때가 아니라, 시세 전환이 빠르고 되밀리는 구간에서 밀리지 않는 모습을 보여주는 종목에 대해서는 보다 적극적인 대응을 해야 할 때이다.

지금은 오히려 매수 후 물리는 것이 유리하다. 그러나 현재 시장 참여자들의 심리 상태는 매수 후 물리는 부분에 대해서 매우 부정적일 수밖에 없기에 절대 물리는 매수를 하지 않으려고 한다.

:: 2020년 10월 27일 오전 시황

07

강세장의 조정은 더 무섭다

강세장이라고 하면 흔히 꾸준히 지속적으로 오르는 시장이라 생각한다. 깊은 조정이나 드롭 현상, 장중 주가가 일시적으로 급락하는 일들이 일어나지 않는 상황이라고 생각할 수도 있다. 하지만 강세장의 골은 깊다. 산이 높으면 골이 깊은 법이다.

2020년 3월 19일 코스피지수가 1,457.64로 최저점을 찍고, 2021년 1월 11일 3,000포인트를 돌파하는 10개월 동안 시장은 결코 순탄하게 오르지 않았다. 6월 15일에는 별다른 이유 없이 주가가 −4.76% 급락했다가 다음날 바로 5.28% 오르며 회복했다.

앞서 말했듯이 2020년 8~10월 세 차례의 단기 급락 시기가 있었다. 2021년 1~3월 사이에는 투매 현상까지 나올 정도의 하락장이 전개됐다.

이처럼 긴 상승 추세의 시장이라도 중간 중간 무섭게 흔들어대기 때문에 마음의 안전벨트를 단단히 매고, 강철 멘탈로 무장해야 수익을 지킬 수 있다. 역설적으로 강세장일 때 시장 참여자들이 느끼는 불안감은 더 크다. 불안감은 확보한 평가익이 강한 조정 국면에서 사라지고, 롤러코스터를 타듯 변동성이 커지면 멘탈이 붕괴된다.

2020년 3월 20일 이후 강한 반등을 보이던 시장이 조정을 보였을 때도 심리적 불안감으로 하락이 가속화되었다.

홍성학의 장중일기

역설적으로 강세장이 오히려 가장 힘든 구간

강세장이 진행될 때, 역설적으로 시장 참여자들에게는 가장 힘든 구간이 되기도 한다. 금전적 손실에 의한 고통보다는, 중간중간 발생하는 조정 구간을 이겨내지 못해 팔고 난 종목의 지속적인 상승을 지켜보아야 하는 상황이 자주 발생하기 때문이다. 아무리 좋은 성과를 내더라도 지수의 상승을 따라가기란 상당히 벅차다. 더구나 현재의 시장은 모두가 인정하는 강세장이 아니다. 따라서 장중 시세를 흔드는 상황이 너무나 많다. 그럼에도 불구하고 지금은 흔들리지 않는 것이 무엇보다 중요하다. 장중 시세에 절대 흔들리지 마라. 오래 버티는 자가 이기는 게임이 시작되었다.

:: 2020년 4월 28일 오전 시황

08 장중 드롭 현상 겁내지 마라

강세장에서 시장은 기간 조정을 거쳐 다시 재상승한다는 점을 설명했다. 시간 단위를 하루로 좁혀 장중 상황을 살펴봐도 순간순간 종목별로 일시적인 급락 상황이 발생한다. 내가 '드롭 현상'으로 명명한 이런 주가 흐름은 흔한 것이다.

일시적 드롭 현상이 나타나는 이유는 심리다. 시장 참여자들의 불안감이 증폭돼 일시에 매도가 늘어날 때 주가는 출렁인다.

추세 추종 매매를 하는 동안, 긴 상승 추세를 타고 가다 보면 일시적 드롭 현상을 만날 때가 많다. 주가가 일시적으로 크게 빠지는 일들이 적지 않은데, 이럴 때마다 두려워 주식을 팔다 보면 추세 매매를 이어가기 어렵다.

이런 점에서 일시적 드롭 현상에 대한 이해가 있어야 한다. 강세장의 깊은 골인 기간 조정을 흔들리지 말고 버텨야 하는 것처럼, 장중 일시적 드롭 현상 역시 흔들리지 말고 이겨내야 한다. 시세가 깨진 게 아니라면 일시적 장중 시세 후퇴에 일희일비하지 말자.

불안 심리와 군중 심리의 결합

장중 시장 참여자들의 불안 심리가 수렴될 때, 일시적 가격 드롭 현상이 나타난다. 하지만 그러한 부분에 대해서 절대 두려워하거나 무서워해서는 안 된다.

:: 2020년 6월 5일 오전 시황

일시적 가격 조정 때 팔면 남들 좋은 일 해주는 꼴

장중 일시적 시세 약화 상황에 겁을 먹어 주식을 매도해버린다면, 일반적 관점에서 접근하는 매도 후 낮은 가격에서의 재매수 기회는 잡기 어렵다. 즉 전형적인 강세장의 특징들이 나타나고 있으므로, 매수 후 빠른 매도 대응은 시간이 갈수록 좋은 가격에서 접근할 기회가 상실되는 것이다.
따라서 장중 일시적 가격 조정이나, 며칠씩 쉬어가는 구간에서의 주가 움직임에 지겨워하거나 불안해서 처분할 경우 남들 좋은 일만 시켜주는 결과로 돌아온다.

:: 2020년 6월 10일 오전 시황

일시적 드롭 현상에 안전띠를 단단히 매라고 하는 이유는 매물과 직접적인 관계가 있기 때문이다. 주가가 드롭할 때 시장 참여자들은 매도에 동참한다. 매물이 쏟아지면서 주가가 하락하는 것인데, 매물이 쏟아져 나오면 그 종목은 한층 가벼워져 반등이 쉬워진다. 많은 매물들이 쌓여서 '매물 벽'을 형성하고 있는 박스권 상단의 매물들이 일거에 정리돼 반등 시 쉽게 상단을 뚫을 수 있다.

그러므로 주가가 일시적으로 드롭 현상을 겪으면 금세 반등을 통해 회복하는 경우가 많다. 반등을 하면 내가 판 가격보다 올라버려 다시 사기가 쉽지 않다. 따라서 이런 장중 시세에 휘둘려 잘 보유해온 주식을 던지는 우를 범하면 안 된다. 충동적으로 주식을 매도하지 말고, 상승 추세가 끝나 하락 추세가 시작된 것을 확인한 뒤 어느 가격대에 팔지 판단해 계획적으로 매도해야 한다.

홍성학의 장중일기

강세장 속 일시적 드롭 현상 강도는 약세장보다 강하다

전일 오후 들어서의 급격한 가격 하락 현상은 다양한 요인에 의한 복합적 작용이 표출된 결과물이다. 강세장이 전개되는 과정 중에 나타나는 일시적 드롭 현상의 하락 강도는 일반적으로 약세장의 하락보다 그 강도가 월등히 크다. 이런 일시적 충격은 시장 내 손바뀜 현상을 가져오고, 그 부분이 결국 시장의 단계별 상승을 불러온다. 강세장이 전개된 후, 강세장에서 펼쳐진 높은 수익을 온전히 자기 것으로 만든 시장 참여자는 매우 제한적이다. 강세장에 대한 이해 부족과 단기적인 가격 상승에 대한 반작용이 수시로 펼쳐지며, 주식 보유자들로 하여금 주식을 가지고 있지 못하게 만들기 때문이다.

:: 2020년 6월 16일 오전 시황

강한 상승 중간중간에 겁을 주어 주식을 팔게 만든다

지금은 강세장 중에서도 가장 강력한 주추세 구간이다. 주추세 구간에서는 시장 참여자 대부분이 강세 흐름에 동조한다. 시장 전망 또한 상당히 밝게 보며 집단적인 매매가 이루어지기 때문에, 시세 탄력은 매우 높고 초보자들도 단기 수익을 곧잘 낸다.

하지만 집단적으로 같은 방향에서의 매매가 이루어지기 때문에 반작용으로 인한 단기 조정으로 상당히 큰 폭의 드롭 현상을 경험할 수도 있다. 시장 경험이 부족할 경우, 이런 단기적인 드롭을 상승의 끝이라 판단하는 우를 범하기 쉽다.

지금 시장은 가장 강한 상승을 진행하면서, 중간중간 겁을 주어 주식을 팔게 만들고, 그럼으로써 시장의 무게를 줄이고 추가 재상승을 위한 도약의 준비를 하는 것일 뿐이다.

:: 2021년 1월 29일 오전 시황

09 변동성을 견딜 만큼만 투자해라

기간 조정이나 일시적 드롭 현상뿐 아니라 주가의 변동성도 시장 참여자들을 매우 힘들게 한다. 하루 등락 폭이 커지면, 상승할 때는 좋지만 하락할 때는 손실이 금세 늘어난다. 주가의 변동성이 커지는 것은 불안한 심리가 집단화 되기 때문이다. 일시적 드롭 현상도 마찬가지다.

앞서 하락장을 견디기 위해서는 평가이익을 갖고 있어야 한다고 했다. 이익을 내고 있으려면 상승 추세 종목을 잘 골라내고, 입질 매수를 해서 상승 추세를 확인한 후, 추가 매수를 통해 이익을 키워 나가야 한다고 설명했다.

하지만 변동성이 커지면 마음이 불편할 수밖에 없다. 예를 들어 5억 원을 투자하는 사람이 있고, 장중 변동성이 상하 5% 정도라고 해보자. 하락 시 −5% 손실을 본다면, 하루에 2,500만 원의 평가손을 보게 된다. 반면 5,000

만 원을 투자할 경우라면 평가손이 250만 원에 그친다.

각자 자신이 감내하기 힘든 변동성이 존재한다. 하루에 수천만 원이 왔다 갔다하는 것이 힘들다면 자신의 수준에 맞게 투자 금액을 조정하는 것도 방법이다. 높은 변동성으로 평가익이 날 때는 좋겠지만, 반대의 경우에는 불안하고 불편한 마음에 자칫 견디지 못하고 주식을 매도해버리는 실수를 할 수 있기 때문이다.

변동성과 관련해 내가 5%, 또는 10%의 진폭을 견딜 수 있는지 자문해봐야 한다. 못 버티면 잘라내야 한다. 하늘이 맑다가 흐리다가 스콜이 때린다고 가정해보자. 나는 옷이 다 젖을 때까지 견딜 수 있는가? 아니면 가랑비도 맞기 싫은가? 스스로 판단해 투자 금액을 정해야 한다.

변동성을 극복하지 못하고 떨어져 나간다는 것은 주식을 팔고 손을 턴다는 의미다. 이런 사람들이 많기 때문에 변동성은 더욱 확대된다. 극도로 높아진 변동성을 감내하지 못하는 이들은 어차피 시장이 좋든 나쁘든 탈락한다. 그리고 탈락자가 많을수록 시장의 무게는 가벼워지고 한층 더 빠른 상승을 가져오게 한다. 그러니 내가 팔면 주식이 오르는 것이다.

계좌 변동액을 감내할 수 있는 수준으로 맞춰라

지금은 높아진 변동성을 극복해야 하는 구간이다. 매수, 매도 대응이 중요한 것이 아니라, 시장에서 구간 구간 높아지는 변동성을 '이겨낼 수 있느냐, 그렇지 못하느냐'가 가장 중요한 요소다. 이겨내기 위해서는 장중, 혹은 며칠, 몇 주 동안 발생할 계좌의 변동액을 감내할 수 있는 수준으로 맞춰야 한다.

아무리 급등과 급락을 거듭하더라도 계좌의 변동액을 견뎌낼 수 있다면, 지금의 시장은 매우 좋은 기회의 장이 될 것이다. 하지만 그 변동액을 이겨낼 수 없다면, 손실을 확정 짓게 되는 구간이 될 뿐이다.

시장은 확대된 변동성이 줄어든 이후, 보다 압축된 종목들의 집중된 시세를 보여준다. 지난해처럼 모든 종목들이 모두 올라가는 양상이 아닌, 선별된 중심 종목들 위주의 시세가 보다 화려하게 펼쳐질 텐데, 시장 참여자 모두가 이러한 혜택을 보지는 못할 것이다.

:: 2021년 1월 12일 오전 시황

10 두려움은 냉철한 분석으로 물리쳐라

지금까지 주식투자에서 가장 어려운 상황인 폭락을 대하는 자세에 대해 설명했다. 주가가 빠지는데 기분 좋은 사람은 없다. 두렵고 불안하며 주식시장에서 탈출하고 싶다는 생각까지 든다. 실제로 다시는 주식을 하지 않겠노라며 시장을 떠나는 사람도 나온다.

두려움은 인간 본성 중 하나다. 주식시장에서 대폭락을 경험하면 일단 그 자리를 피하려고 한다. 투매를 하고 주식시장에서 발을 빼는 것이다.

주식시장에서 95%의 투자자는 손실을 보고, 5%는 돈을 번다. 운이 좋으면 몇 번은 벌지만, 주식투자를 계속하면 수익이 '0'에 수렴한다고 할 정도로 주식투자로 돈을 버는 것은 쉽지 않다. 그럼에도 돈을 버는 5%는 항상 존재한다.

그렇다면 도대체 어떻게 매매해야 하는 걸까? 우선 충동매매, 추격매매, 뇌동매매를 지양하고 철저히 준비된 매매를 해야 한다. 또한 인간의 보편적 심리와 역행해야 한다. 특히 상승 추세의 종목을 찾아내 긴 상승의 수익을 얻어내고, 하락 추세가 시작될 때 유유히 수익을 실현하는 '추세 추종 매매 기법'을 익혀야 한다.

미스터 마켓의 요구에 일일이 응할 필요 없다

우리는 항상 후회한다. '어제 매도했어야 하는데', '어제 매수했어야 하는데'라는 현실적으로 불가능한 후회만 반복하는 것이다. 이러한 생각과 후회는 실제 본인의 투자활동에 단 1도 도움이 되지 않는다.

앞으로 필요한 전략, 전술을 갖추는 데도 아무런 도움이 되지 않는다. '어제 매수할걸'이라고 후회하지만, 실제 어제에는 매수는커녕 매도해야 하나 마나를 고민했을 것이기 때문이다.(중략)

시장은 꾸준한 상승세를 구가할 것으로 본다. 그러나 구간 구간 어제와 같은 적절한 충격을 통해 시장의 무게를 줄이는 현상은 앞으로도 계속 발생할 수밖에 없다.

따라서 시장에 대한 보다 강한 의지와 명확한 이해를 바탕으로, 중간중간 '미스터 마켓'이 요구하는 것에 일일이 응하지 말아야 한다. '미스터 마켓'은 매일 다른 얼굴로 우리를 대하기 때문이다.

:: 2020년 6월 16일 오전 시황

2020년 11월 2일은 두 달의 깊은 조정 직후여서 다시 시장이 빠질 것이라고 전망하는 사람들이 많았다. 하지만 시장을 잘 모르는, 즉 냉철한 분석이 결여된 예측임이 판명났다. 이후 시장은 꾸준히 올라 1월 11일 코스피지수가 3,000선을 돌파한 것은 주지의 사실이다.

주식시장을 볼 때는 원달러 환율, 외국인 동향, 시장 심리, 매물 현황 등을 꼼꼼히 체크해 시장이 어떤 모습인지 판단하고 어떻게 대응할지를 냉정하게 분석해야 한다.

Chapter

06

시장은
언제나 옳다

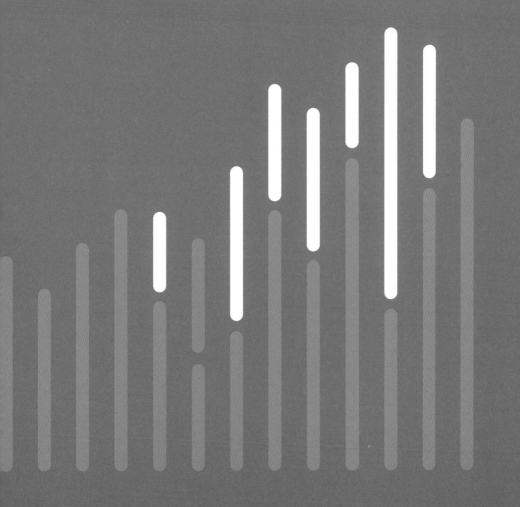

01

주식시장이란
무엇인가?

매일 수백만 명이 참여해 수십조 원의 주식이 거래되는 주식시장은 무엇인가? 주식시장의 존재 이유를 학술적 관점에서 얘기하려는 것은 아니다. 필자는 '자본시장의 꽃'이라 불리는 주식시장은 다양한 거래 대상을 올려놓은 후, 그 대상을 이용해 인간 내면에 자리 잡은 욕심이라는 부분을 자극하는 것이 본질이라고 본다.

시장의 본질적 요소는 '사자'와 '팔자'이다. 이 두 가지 요소를 결정짓는 요소는 매우 다양하고 광범위하다. '사자'와 '팔자'의 균형을 무너뜨리는 요소가 발생할 경우, 그로 인해 어느 한쪽이 강해지느냐에 따라 시세의 흐름이 결정된다. 그러나 시세라는 것은 어느 한쪽으로 기울어진 채 영원히 지속되지 않는다.

일반적으로 주식시장에서 상승은 느리고 천천히 진행되고 하락은 급하고 빠르게 전개된다. 그 이유는 간단하다.

'사자'는 영원히 연속될 수 있다. 즉, 주식을 사기 위한 자금은 무한대에 가깝다. 그러나 '팔자'는 유한하다. 팔 수 있는 물량을 다 팔고 나면 더 이상 팔 수 없기 때문이다.

그때 시장에서는 자생적인 가격 모멘텀이 발생한다. 가격의 변화가 발생함에도 불구하고 매물 압박을 받지 않는 영역에 도달했을 때 시세의 반전이 시작되고, 그때부터 '사자'와 '팔자'의 요소 또한 변하게 된다.

시장에는 늘 긍정적 요소와 부정적 요소가 공존한다. 시세에 따라 거래자들의 시선이 향하는 방향이 달라질 뿐이다. 시세 변화가 발생하게 되면 거래자들이 바라보는 곳이 달라진다.

아울러 주식시장은 꿈을 먹고 사는 곳이기에 새로운 경제 질서에 대한 반응이 가장 빠르게 나타나고 소멸한다. 일상과의 시차가 존재하는데, 이는 성장과 가치란 측면에서 풀어볼 수 있다. 먼저 성장에 대한 기대로 시장의 밸류에이션이 높아지고, 이를 인정하면 실제 성장이 이루어지고, 그 이후에 가치를 평가받게 되는 것이다.

이것이 주식시장의 습성이다.

단 한 번도 인간의 욕구가 시장을 이겨본 적이 없다

주식시장은 오르면 내리고, 내리면 오르는 곳이다. 그래서 시장 참여자들은 항상 낮은 가격에 사서 높은 가격에 팔겠다는 본능적인 욕구를 가지게 되고, 이러한 본능적 욕구가 단기적인 시장 상황을 지배한다. 그러나 결코 인간의 본능적 욕구가 시장을 이긴 적은 단 한 번도 없다.

만약 일반적 인간이 본능적 욕구를 충족할 만큼 시장에서 이겨왔다면, 시장은 지금과 같은 발전을 하지 못했을 것이다. 세상 또한 마찬가지다. 결국 이길 수 없는 미지의 세계를 정복하고자 하는 인간의 또 다른 욕구가 시장과 세상을 발전시키고 있다.

:: 2020년 9월 18일 오전 시황

주식시장에서의 게임은 본질적으로 마라톤

주식투자를 육상과 비교해보자. 우리는 지금 100m 단거리 경주를 하고 있는가, 아니면 42.195km의 마라톤을 하고 있는가? 마라톤을 하면서 100m를 전력 질주해서는 안 된다. 아주 짧은 구간은 선두에 나설지 모르지만 완주는 불가능하다.

주식시장의 게임은 본질적으로 마라톤이다. 완주가 목표이므로 꾸준함이 받쳐주어야 한다. 짧은 거리를 앞서 나간다고 승자가 될 수 없다. 마라톤 코스 중에는 오르막도 있고 내리막도 있으며, 코너도 있다.

:: 2020년 8월 19일 오전 시황

02

시장이 틀렸다는 말
절대 하지 마라

흔히 시장이 미쳤다거나, 시장이 잘못 가고 있다는 말을 한다. 특히 전문가라는 사람들은 시장 참여자들이 모여 형성된 주식시장이 비이성적인 움직임을 보이고 있다며 과열을 경고한다. 시장이 틀렸다는 것이다.

시장 참여자들 역시 시장이 틀렸고 자신이 맞다고 생각하는 습성이 있다. 이러저러한 이유를 들어 시장과 종목이 내릴 것이라 예측했는데, 오히려 오르면 시장이 비정상적이라고 얘기한다. 하지만 시장은 언제나 옳고 당신들이 틀린 것이다.

시장을 잘못 봤거나 허술한 예단을 해서 손실을 보게 되면 갖가지 핑계를 댄다. 시장이, 남들이 이상하다는 것이다. 하지만 미국 대통령이나 미국 연준 의장의 발언처럼 내가 통제할 수 없는 것에 핑계를 대면 나는 영원히 발전하지 못한다. 어떤 결과에 대해 나 자신이 아닌 다른 것에 핑계를 대다 보면 죽을 때까지 발전이 없다는 말이다. 내가 틀린 것을 인정하는 데서 발전이 시작된다.

시장이 틀렸다고 말하는 것은 내가 시장과 다른 방향으로 매매하고 있었다는 방증이다. 그렇다면 나의 매매는 손실로 귀결될 수밖에 없다. 시장에 순응하며 시장의 상승 추세를 타고 가야 수익을 낼 수 있다.

주식시장은 심리 전쟁이다. 시장 참여자들은 스스로 이성적인 판단 아래 주식을 하고 있다고 생각하지만, 내가 보기에 하루 거래량의 80~90%는 이성이 아니라 감성이 지배하는 매매다.

감성적 매매란 기분, 느낌에 따라, 혹은 감정에 휩쓸려서 하는 매매를 말한다. 더 오를 거 같고, 더 빠질 거 같고, 지금 안 사면 못 살 거 같고, 지금 안 팔면 못 팔 거 같은 것이다. 이런 뭐뭐 할 것 같은 느낌들은, 지나보면 아차 하는 후회를 만든다.

자책을 하며 매매의 실패 원인을 따져보는 자세는 나쁘지 않다. 반드시 매매를 복기하고, 더 나은 매매를 위해 분석하고 반성하는 것은 필수다. 하지만 나는 판단을 잘했는데, 갑자기 미국 시장이 빠져서, 예상치 못한 악재가 나와서, 운이 없어서 손실을 봤다고 생각하면 실패를 고칠 수 없다. 내가 틀린 게 아니라 시장이 잘못된 것이라는 말이기 때문이다.

시장은 언제나 옳다. 겸손한 자세로 내가 시장의 무엇을 잘 몰라 실패했는지 자문해야 한다. 내가 단지 운이 없었다고 생각한다면, 다음에도 똑같은 방식의 매매를 할 것이고 개선이나 발전은 요원하다.

싸다, 비싸다를 논한다는 것 자체가 무리

(중략) 지금 세상은 하루가 다르게 변하고 있다.

얼마 전까지 이름도 들어보지 못했던 스노우플레이크란 기업이 상장 첫날 시가총액 83조 원을 기록했다. 이 기업의 매출액은 불과 2,000억 원에 불과하다. 우리가 그동안 알고 있던 상식으로는 이해가 불가능한 상황이 현실로 나타나고 있다. 그것도 세상에서 가장 앞서 나간다는 미국 시장에서 말이다.

따라서 세상의 변화 속에 함께 변해가고 있는 기업들에 대해, 기술적 지표상의 얕은 상식과 성장에 대한 모호한 잣대를 기준으로 '싸다, 비싸다'를 논한다는 것 자체가 무리다.

결국 모든 것은 수요와 공급이 결정한다. 아무리 비싸도 수요가 우세하면 가격이 오르는 것이 경제 논리. 수요와 공급이 균형을 이루는 가운데 어느 한쪽으로 방향이 기울어지면, 그 추세적인 기울기는 상당 기간 지속된 후 다시 균형을 찾아가게 된다.

:: 2020년 9월 18일 오전 시황

03 시장의
시그널을 읽어라

주식시장의 속성 중 하나가 잘 안 빠지면 올라간다는 것이다. 이런 속성을 제대로 이해하는 것이 중요하다. 시장이 지지부진하다고 주식을 던져 버리거나, 폭락의 쓴 경험 탓에 여차하면 주식을 파는 습관을 갖고 있다면 수익을 내기 힘들다.

2020년 4월 중순 이후 주식시장은 가파른 V자 반등 이후 숨고르기를 하며 횡보장세를 보였다. 이때 등장한 얘기들이 우리가 잘 아는 더블딥이다. 상승세가 주춤하고 조정을 하는 모습을 보이자, 시장 참여자들은 재폭락의 불안감에 휩싸였다.

이때 시장이 어디로 갈지는 시장에게 물어보면 된다. 과거 2008년 금융위기 직후 주식시장이 더블딥 폭락을 경험했다는 것을 예로 들며, 지금 시장도 그렇지 않겠느냐고 추측은 해볼 수 있다. 하지만 시장이 어떻게 움직이는지 면밀히 지켜보면 시장이 오를지 빠질지 가늠할 수 있다. 시장이 안 빠지는 것을 보면 거기에 맞는 대응을 하면 된다.

홍성학의 장중일기

시장은 니들 생각과는 달리 강하단다

모두가 급락할 것이라 생각하는 이유가 시장에 기득할 때 시장은 급락해야 한다. 또한 모두가 급등할 것이라 예측하는 이슈가 가득할 때 시장은 급등해야 하는 것이 정상이다. 그런데 모두가 생각하고 예상하는 상황과 다른 형태의 흐름이 전개될 때는 한 번 더 생각해야 한다.

특히 오늘처럼 모두가 시장의 추가 급락을 예상하던 상황 속에서, 추가 급락의 사유가 현실에 실질적으로 발생했음에도 불구하고, 예상과 달리 시장의 하락은 상대적으로 견조한 편이다. 이는 상대적으로 하락폭이 작음에 고마워하며 팔아야 할 국면이 아니라, 시장의 에너지는 생각보다 훨씬 강하다는 것을 말해주고 있는 것이다. 이것이 바로 시장이 알려주는 시그널의 올바른 해석이다.

지금 시장은 참여자들 스스로 호들갑을 떨고 있음을 지적해주고 있다. "얘들아, 시장은 니들이 생각하는 것과 달리 강하단다"라고.

:: 2020년 4월 22일 오전 시황

2020년 11월에도 시장 하락을 우려하는 불안감이 컸다. 소위 전문가들은 언제나 비관론을 퍼뜨린다. 그때도 어김없이 10월 말부터의 상승을 과열이라고 진단하고, 조정 내지는 하락할 것이란 목소리가 많았다. 인간의 목소리는 하락을 주장하고 있었다. 하지만 시장의 목소리는 달랐다.

2020년 11월 말, 시장은 우리에게 어떤 이야기를 들려주고 있었을까? 당시 시장 참여자들은 여차하면 매도할 준비를 하고 있었다.

홍성학의 장중일기

잘 안 빠지면 올라가는 것이 주식의 속성

개장 초 특별한 흐름은 나타나지 않는 가운데 단기 상승에 대한 이식 매물 출회는 여전히 아침마다 반복되는 상황이다. 삼성전자를 위시한 시가총액 최상단의 종목들이 제한적인 움직임을 보여주고, 지수 관련 대중주들 또한 적절한 휴식을 취하고 있다. 반면 제약, 바이오를 필두로 2차전지, 통신장비 등의 종목이 양호한 가운데, 순환 형태의 시세 흐름 또한 계속해서 이어지고 있다.

지금처럼 오랜 기간 넘어서지 못한 고점을 넘어서서 단 1p만 상승해도 사상 최고치가 경신되는 구간에서는 시장 참여자들이 매매에 자신감을 가지지 못한다. 여차하면 고점에서 크게 밀릴 수 있다는 잠재적 불안감 때문이며, 주식 보유자들 역시 언제든 매도 준비를 하고 있기 때문이다.

일반적 상황이라면 매도 준비자들의 증가와 매수 대기자들의 소극적 대응은 시세 하락으로 연결된다. 그러나 지금은 시장이 잘 밀리지 않는 모습이다.

이런 부분들이 계속 이어져 왔으므로, 현재 가격대에서 마음 편히 팔 수 있는 주식이 별로 없기 때문이다. 또한 어느 정도 큰 수익이 발생하고 있는 종목에 대해서는 이미 시세에 대한 민감도가 크게 줄어든 상태이기에, 지난 9월부터 10월까지 이어져 온 조정 구간에서 팔지 않았다면 앞으로 당분간 쉽게 매물화 되지 않을 것이다.

따라서 상황은 불안한 듯하나, 실제 시장 내부적인 수급 균형상 지난 9월과 10월의 불균형과 동일한 상태 아래 있는 것이다. 다만 방향이 달라졌을 뿐이다. 즉, 지금은 수요가 매우 우세한 수급 불균형 상태이기에 불안정한 심리적 환경임에도 불구하고 주가의 하락이 나타나기 어렵다. 잘 안 빠지면 올라가는 것이 주식의 속성이다.

:: 2020년 11월 27일 오전 시황

잘 안 빠지면 올라가는 것이 주식의 속성인 것처럼, 반대로 올라야 하는 이유들이 넘쳐나는데도 오르지 못한다면 시장은 하락을 얘기하고 있는 것이다. 시장이 들려주는 목소리를 새겨들어야 한다. 전문가들의 말만 믿고 시장을 오판하면 안 된다.

홍성학의 장중일기

시장의 하락 시그널과 상승 시그널

논리적으로 상승해야 하는 이유가 가득하고 시장 참여자들이 그에 동조함에도 불구하고 주가가 오르지 못할 때는 시장의 하락 시그널로 인식해야 한다. 또 하락해야 할 논리가 가득하고, 그에 맞는 재료와 이슈 또한 가득하고, 시장 참여자들 또한 불안에 떨고 있음에도 불구하고 주가가 하락하지 않을 경우, 이는 상승 시그널로 인식해야 한다.

:: 2020년 4월 21일 오전 시황

04

강세장 속의 착각

시장은 강세장이라고 한다. 그런데 나는 왜 남들처럼 못 버는가? 초조해진다. 하루에도 상한가를 가는 종목들이 널려 있고, 상승 종목수가 넘쳐나는데 내가 갖고 있는 주식은 안 오른다.

답답하다. 이 산이 아닌 것 같다. 갖고 있는 종목을 팔고, 힘 좋게 오를 주식을 좇아 추격매매, 뇌동매매를 한다. 그런데 남의 것일 때는 시원하게 오르던 종목도 내가 사자마자 시들시들하다.

손절매를 하고 나니 계좌에 돈이 더 줄었다. 빨리 만회해야 한다. 이렇게 계속 급등주, 테마주를 찾아 다닌다. 장중 단타를 치며 강세장의 수혜를 조금이라도 보기 위해 동분서주한다. 이와 같은 시장 참여자들이 한둘이 아니다. 이런 실패는 강세장 속에서의 착각 때문이다. 남의 떡이 더 커 보이는 착시

현상 탓에 내 보유 종목이 충분한 수익을 가져다줄 수 있음에도, 산토끼를 좇다가 집토끼마저 잃게 되는 셈이다.

강세장 속에서는 착각을 하기 쉽다. 주식시장 안팎에서 큰돈을 벌었다는 성공담들이 들리면 마음은 더 조급해진다.

홍성학의 장중일기

강세장은 욕심과 탐욕을 만든다

강세장에서는 오히려 단기 매매의 성과가 마음에 들지 않는 경우가 많다. 약세장에서는 조금의 수익에도 스스로 만족하지만, 강세장에서는 남들과 비교하기 때문이다. 이 부분은 결국 욕심에 해당하는데, 강세장은 시장 참여자로 하여금 끝없는 욕심과 탐욕을 갖게 만든다.

강세장에서 잠시 수익을 맛보는 느낌만 가지다가 결국은 손실을 보게 되는 이유는 욕심이 앞서기 때문이다. 시장이 욕심을 가지게 만드는 것은 맞지만 계속 시장에 휘둘려서는 안 된다. 조급함과 욕심을 버려야 제대로 된 수익이 만들어지는 것이 강세장의 특징이다.

:: 2020년 6월 4일 오전 시황

강세장에서 수익을 잘 거두려면 쉬어가는 구간에서 주식을 잘 가지고 있어야 한다. 강세장에서는 결국 내가 가진 종목도 오르게 된다. '시장이 돌릴 때는 매수 후 물려도 좋다' 부분에서 설명한 이치와 같이, 강세장 역시 매수 후 물리더라도 팔지 말고 다시 상승해 매입가를 넘어설 때 추가 매수를 함으로써 비중을 늘려가야 한다.

본격적인 슈팅 구간 돌입 전, 매일 안 될 것처럼 느껴진다

주가는 매일 오르지 못한다. 주가가 오르면 보유자들은 이익 실현의 욕구가 커진다. 주가가 내리면 본전 욕구가 있어 다소 느긋해지는 성향을 보이지만, 주가가 오르면 조급해지기 마련이다.

따라서 상승은 느릿느릿 완만한 흐름으로 전개된다. 지수의 움직임은 꾸준하게 이어지는 듯하지만, 종목들은 하루 강하게 움직이면 며칠 쉬어간다.

특히 강세장에서는 이러한 쉬어가는 구간에서 주식을 잘 가지고 있어야 한다. 며칠 쉬어도 하루이틀이면 그 가격을 넘어서 버리기 때문이다.

또한 강세장에서는 본격적인 슈팅 구간에 돌입하기 전, 매일 시장이 안 될 것처럼 느껴진다. 내가 가진 주식은 매일 실시간으로 시세를 관찰하기 때문에 일주일만 쉬어가도 매우 지겹게 느껴지는 반면, 가끔 한 번씩 쳐다보는 종목들은 매일 급등하는 것처럼 보인다. 왜냐하면 급등하는 날 보기 때문이다. 지금 구간에서 단기적 관점으로 접근한다면, 단기 매매도 안 되고, 가져가는 매매도 안 되고, 결국 꼬이게 된다.

간단한 매매 전략은 매수 후 밀리는 구간에서 철저하게 지켜본 후 재차 상승하여 매입가를 넘어서면 추가 매수를 통해 비중을 높여가는 것이다. 이렇게 하면 강세장에서 흔들리지 않고 주식 비중을 높여갈 수 있다. 터무니없는 테마성 급등주 등의 종목들이 아니라면 대체로 상승하게 되는 것이 강세장이기 때문이다.

:: 2020년 11월 19일 오전 시황

05 불고문이
더 고통스럽다

'불고문'이라는 말을 들어보았는가? 상승장에서 내가 판 주식이 무섭게 올랐는데, 너무 비싸 보여서 다시 사지는 못하고 쳐다만 보고 있을 때의 상실감을 표현하는 말이다.

주가가 조정을 받으면 '들어가야지' 하고 하락을 고대하지만, 내가 떠나보낸 주식은 하늘로 날아가는 풍선처럼 계속 멀어져 간다. 매일 '빠져라 빠져라'를 외치지만, 주가는 저 높은 곳에서 좀처럼 내려오지 않는다. 하루하루가 불고문이다.

주식시장에서 가장 큰 고통은 매도 후의 주가 상승

주식투자에서 가장 큰 고통은 매입 후 하락하는 평가 손실 구간이 아니다. 매도 후 보유하지 않은 구간에서의 주가 상승이다.

주식을 보유한 상황에서의 주가 하락은 그나마 상승하면 회복되리란 기대감을 가질 수 있으나, 매도 후 상승은 그걸로 끝이기 때문이다. 한 번 시장의 방향에서 벗어날 경우 시장과 동일한 방향으로의 접근은 매우 어렵다. 그렇기에 항상 시장과 함께하는 가운데 적절한 비중 관리를 통해 시장과 한 배를 타야 한다.

모두가 알고 있는 수면 위에 노출된 상황만으로 판단해 '시장이 된다, 안 된다'를 결정해서는 안 된다. 만약 그 예상이 시장과 다른 방향이라면 그 피해는 어마어마하다.

(중략)

아직은 시장에 부정적 견해가 우세하다. 하지만 시간이 갈수록 뷰(view)의 방향을 바꾸는 참여자가 증가할 수밖에 없다. 비관론자들이여, 버텨라. 돈은 소수만 벌게 될 것이니….

:: 2020년 5월 21일 오전 시황

이 같은 불고문의 심리 상태는 폭락 이후 시장이 반등을 시작할 때도 겪게 된다. 반등을 넘어 상승 구간이 길어지면 주식을 보유하지 못한 시장 참여자들의 초조감은 극에 달한다. 그러므로 '4장. 싸움의 기술'에서 설명한 바와 같이 입질 매수 → 추가 매수, 그리고 돌릴 때 올라타는 매매 기법이 필수적이다.

"제발 떨어지지 마라"에서 "제발 좀 빠져라"로

계속된 시세 하락 속에서 나오는 시세 전환을 새로운 시세의 시작이라고 생각하기란 어렵다. 언제든지 다시 하락할 수 있다고 보기에, 최대한 이익을 확보하려는 강한 의지로 최저가 매수분은 항상 가장 작은 이익으로 매도하게 된다.

반면, 최저가에 매수하지 못한 이들은 최저가 매수에 대한 아쉬움이 크기에 최저가를 기억한다. 이후 시세 반전이 이루어지면, 본인이 저가라 판단하여 추가 매수한 가격보다도 현저히 낮은 현재 가격이 최저가에 비해 올라 있다는 이유만으로 싸다는 생각을 하지 못하고 시세에 대한 부담을 갖는다.

이러한 흐름이 이어질수록, 시장 참여자들은 불과 얼마 전까지 모두가 '하락하지 마라, 제발 올라라' 하는 심리 상태에서 '좀 빠져라 제발' 하는 식으로 바뀌게 된다. 시장의 하락을 가져왔던 악재는 여전히 상존하고 그와 관련된 뉴스들이 실시간 나오는데도 불구하고 시장은 이전과 달리 그다지 크게 반응하지 않는 상황에 대해 '시장이 잘못되었다'라는 생각도 한다.

:: 2020년 3월 18일 오후 시황

06 외국인을 움직이는 2가지 원칙

이제까지 주식시장의 본질과 특성에 대해 살펴보았다. 지금부터는 주식시장에 영향을 미치는 환율, 유동성, 외국인 투자에 대해 알아보겠다.

주식시장의 주요 매매 주체는 개인투자자와 기관투자자, 외국인이다. 이중 외국인은 증권거래법에 따라 외국인 투자자로 등록한 사람이나 기관을 말한다. '검은 머리 외국인'이란 말이 있듯이 실제로 한국 사람이지만, 해외에서 페이퍼 컴퍼니 등을 통해 투자하는 사람도 외국인으로 분류된다.

외국인 투자자의 대부분은 기관투자가들이 운용하는 펀드라고 보면 된다. 이들 펀드는 환율에 민감한데, 그 기준은 생각보다 단순하다. 원달러 환율이 1,210원 이하가 되면 외국인 매도가 멈추고, 1,200원 이하로 내려오면 순매수로 전환된다. 실제로 2020년 6월 16일 원달러 환율이 1,210원 이하로 내려가자 주식시장에서 외국인 매도는 매수로 전환됐다.

1,210원 이하에서 거래됨에 따라 외국인 매도는 중단

지난주 선물옵션 만기일 이후 이월물 선물로 매매 대상이 바뀜에 따라 현물-선물 간의 시장 베이시스의 차이가 크게 발생했고, 기관의 프로그램 매도가 전일까지 급격히 확대됐다. 그 과정에서 지수 관련주의 시세는 약화되었으며, 전일 원달러 환율이 재차 1,210원을 웃돔에 따라 외국인의 매도까지 가세되어 시장 충격의 단초가 됐다.

다만, 전일 원달러 환율이 1,210원 이상 올라서기 힘든 상황에서 주식시장의 하락폭이 크게 확대됨에 따라 일시적으로 넘어서고 마무리되었으나, 금일 다시 빠르게 1,210원 이하에서 거래됨에 따라 외국인의 매도는 중단되고 매수로 전환되었다.

금일 현물 가격이 회복되는 과정에서 큰 괴리를 보여주었던 현물-선물 간의 시장 베이시스도 축소되고, 그로 인해 기관의 프로그램 매도는 매수로 전환되고 있다.

:: 2020년 6월 16일 장중 시황

환율 외에, 외국인의 투자 동향에 영향을 미치는 것은 그들 자체의 자금 사정이다. 헤지 펀드 등의 환매 요구가 많아지면 펀드들은 돌려줄 현금을 만들기 위해 주식을 팔아야 한다. 특히, 한국 증시는 '해외 펀드들의 자판기'라고 불릴 정도로 외국인 펀드들이 현금 수요가 생기면 제일 먼저 주식을 매도하는 신흥국 시장 중 하나다.

2008년 금융위기나 2020년 코로나 쇼크 때 한국 증시가 대폭락했던 것은 시장의 극단적인 불안 심리와 더불어 외국인 투자자들의 대거 매도 때문이었다. 현금을 빼내 본국으로 가져가야 하니 외국인 투자자들의 순매도는 상당 기간 이어질 수밖에 없다.

외국인의 순매도, 시장에서 내상이 깊다는 의미

원달러 환율의 하락에도 불구하고 외국인의 순매도가 계속 이어지고 있다. 이는 최근 급등락이 전개되는 시장에서 해외 헤지 펀드들의 내상이 깊다는 것을 의미한다.

레버리지를 크게 가져가는 헤지 펀드의 특성상 최근 주식, 원유 가격의 급락으로 인한 손실 폭이 확대되고 있다. 따라서 상대적으로 손실이 작은 주식 매도를 통해 부족한 담보금을 메워가는 보유 자산의 리밸런싱 과정이 진행되고 있다. 이것이 우호적인 원달러 환율에도 불구하고 매도가 이어지는 이유로 보인다.

이러한 부분이 실제 진행되고 있다면, 앞으로 파산하게 되는 헤지 펀드들이 속출할 것이며, 그로 인한 시장 수급의 불안정한 흐름 또한 이어질 수 있다.

:: 2020년 3월 11일 오전 시황

07 유가와 원자재 가격을 꼭 체크하라

유가와 원자재 가격은 주식시장의 향배를 가늠하는 지표가 된다. 유가나 원자재 가격의 경우 관련 업종 종목들의 주가에 직접적인 영향을 미친다. 유가가 오르면 정유, 석유화학 기업의 주가가 오르는 경향이 있고, 구리, 알루미늄 등 원자재 가격이 오르면 역시 관련 제조 기업들의 주가가 강세를 띠곤 한다.

유가는 단순히 관련 기업들의 주가에만 영향을 미치지 않는다. 주식시장 전반에 큰 영향을 미치는 주요 변수다. 유가가 폭락하면 석유업체들이 연쇄적으로 도산하게 되고, 여기에 투자한 펀드 등 투자 기관들이 파산한다. 이런 이유로 유가 급락은 주식시장에서 직격탄이나 다름없다. 2020년 3월 코로나 쇼크 때 유가 급락까지 겹쳐 주식시장이 대폭락한 사실이 이를 증명한다.

그림 6-1 | **유가 변동 추이**

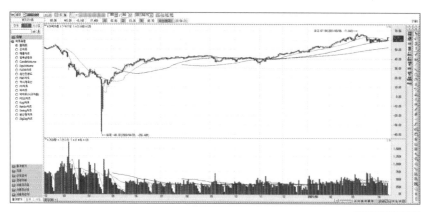

(출처: 미래에셋증권)

홍성학의 장중일기

유가 13.4불대까지 추락할 경우 석유업체 연쇄 도산

국제유가(WTI)는 전일 배럴당 20불대까지 하락한 후, 현재 다소 빠른 회복세를 기록 중이다. 울티마에서 하단 가격으로 잡혀 있는 18.9불대를 지켜준 부분은 상당히 의미 있다고 할 수 있다.

다만 아직까지 완전한 하락의 끝을 보여주지 못한 상태이기에 18.9불의 가격대가 매우 중요하다. 18.9불이 무너질 경우 다음 가격은 13.4불이 될 것이다. WTI가 13.4불대까지 추락할 경우, 석유업체의 연쇄 도산뿐 아니라 회사채, 주식 등에 투자한 투자기관들 역시 연쇄 파산으로 전개될 수 있기 때문이다.

:: 2020년 3월 19일 오전 시황

이처럼 국제 유가가 급락하면 경제 위기가 오기 때문에 미국 정부를 포함해 산유국 정부들은 감산 합의를 통해 유가 폭락을 저지한다. 2020년 코로나 위기 때 역시 그런 과정을 거쳐 유가는 강한 하방 경직성을 보여줬다.

홍성학의 장중일기

유가 하락이 금융시장의 추가 하락으로

WTI의 폭락이 이어지고 있다. 울티마에서 제시된 중요 가격은 하단 18.9달러였으며, 그 가격이 지켜지지 못할 경우 14.3달러까지 열려 있는 구간이었다. 그런데 14.3달러까지 무너지는 상황이 발생했다. 현재 진행되고 있는 유가의 흐름은 자생적 상황으로는 회복 불가능한 상태인데, 산유국들 스스로도 이를 잘 알고 있을 것이다.

러시아와 사우디는 미국의 입장과 정책 방향을 주시하고 있을 것이며, 그에 따라 가격 반전을 가져올 수 있는 요인이 발생할 경우 급진적인 감산 정책을 제시할 가능성이 높아졌다고 할 수 있다. 따라서 현재 유가의 방향을 결정지을 미국의 결단만 남아 있다. 현재 셰일가스 업체의 생산 가능량에 대한 자금 지원안이 마련되고 있는 것으로 보아 빠른 시일 내 정책과 자금의 지원이 이루어지고, 사우디와 러시아가 협조하는 선에서 유가의 방향 전환을 가져올 것으로 보여진다.

항간에 계속해서 언급되고 있는 유가 하락이 금융시장의 추가 하락으로 발전한다는 판단은 매우 정상적 논리이다. 하지만 그런 상황이 재현될 경우 미국뿐 아니라 전 세계가 공황에 빠지는 수순으로 발전할 가능성이 매우 높다. 그런 위험을 이미 인지하고 있기에 미 연준의 무제한 양적 완화 조치가 발동된 것이다.

:: 2020년 4월 22일 오전 시황

주요 원자재 가격이 상승세를 타는 것은 경기 회복의 시그널이다. 미국 증시가 올랐느니, 떨어졌느니 하는 단편적인 시장 예측보다는 실물 시장이 들려주는 목소리를 경청해야 주식시장의 방향을 짐작할 수 있다.

홍성학의 장중일기

주요 원자재 가격의 변화, 경기 회복 알려주는 시그널

최근 국제 상품 시장에서 주요 원자재 가격의 변화가 발생하고 있다. 이는 경기 회복을 알려주는 시그널에 해당된다.

본격적인 경기 회복은 아직 시간이 필요한 상황이나, 주요 지표들 가운데 경기에 매우 민감한 은, 동, 철강석, 니켈, 아연 등 철강 금속들의 움직임은 코로나로 인해 공황 상태에 놓여 있던 경기가 점차 회복 국면으로 진입하고 있는 것으로 해석해야 한다.

특히 유가(WTI)가 43달러를 넘어설 경우, 경기 회복에 따른 수요 진작에 기인한 가격 상승으로 이해한다면 점차 시장 참여자들은 경기 회복에 대한 기대감 또한 가지게 될 것이다.

:: 2020년 7월 29일 오전 시황

홍성학 대표, "국제 유가 63달러 못 넘을 것"

홍성학 더원프로젝트 대표는 향후 유가에 대해 "63불을 넘어서기 힘들 것"이라고 전망했다. 24일 홍 대표는 최근 유가 상승과 관련, "유가가 60불을 넘어가니 100불을 넘어간다고도 한다"며 "그러나 단기적으로 63불을 넘어가기는 힘들 것"이라고 예상했다. 홍 대표는 "자체 개발한 가격 예측 알고리즘인 울티마(UPM) 프로그램을 돌린 결과, 국제 유가가 63불을 돌파하지 못하는 것으로 나왔다"라고 설명했다.

앞서 홍 대표는 지난 3월 하순 코로나 쇼크로 인해 국제 유가가 급락한 직후, 한동안 유가가 43달러 선을 넘기 힘들지만, 43달러를 돌파하면 상승세가 지속될 것이라고 예상한 바 있다. 실제로 국제 유가는 지난 11월 23일 43달러를 돌파한 43.06달러를 기록한 이후 계속 상승해 22일(현지시간) 61.70달러로 최고점을 찍은 상태다. 23일(현지시간) 현재 WTI 가격은 61.67로 장을 마쳤다.

홍 대표는 "지난해 3월부터 국제 유가가 43불을 넘어가면 (글로벌) 경기 회복의 신호라고 말해왔다"며 "국제 유가가 43불을 넘어서는 것은 공급량 조절이 아니라 수요량 증가로 인한 결과로 경기 회복의 본격적인 시그널"이라고 분석했다. 그러나 홍 대표는 국제 유가가 100달러를 넘어가면서 초인플레이션이 와서 경제와 주식시장에 충격을 줄 수 있다는 우려는 잘못된 것이라고 지적했다. 그는 "유가가 100불대를 간다고 하니 초인플레이션이 오는 것 아닌가, 하이퍼 인플레이션이 발생할 경우 과도하게 올랐던 주가가 타격을 받을 수밖에 없지 않느냐는 (시장 일부에서의) 우려의 소리가 있다"며 "하지만 국제 유가는 63불대에서 제한을 받을 것"이라고 내다봤다.

더원프로젝트의 가격 예측 프로그램인 울티마 시스템은 가격을 결정하는 알고리즘을 통해 주가를 비롯해 가격이 있는 모든 상품의 추세를 예측하고 있다. 울티마 시스템은 지난해 삼성전자 주가가 53,000원을 돌파해 안착해야만 상승할 수 있다고 예측해 왔으며, 삼성전자 주가는 이 가격을 넘어선 뒤 지난 1월 11일 96,800원까지 올랐다.

:: 서울경제TV 2021년 2월 24일, 서청석 기자

08 경기와 기업 실적, 주식시장의 바로미터

주식시장에서 가장 중요한 바로미터는 경기이고, 종목별 주가의 본질은 기업 실적이다.

개별 기업의 주가를 결정하는 것은 실적과 성장 스토리다. 주가의 상승은 성장 스토리가 이끌어가게 된다. 코로나로 인해 오히려 성장 스토리가 탄탄해지고 있는 기업들은 상대적으로 시장에서 우선순위의 투자 대상이 될 수밖에 없다.

또한 업황 모멘텀이 있어야 상승세가 이어질 수 있다. 종목들의 움직임은 기본적으로 업황 모멘텀이 뒷받침되어야 시세의 확장과 분출로 이어질 수 있다. 단일 재료를 보유한 종목들의 반응은 언제든지 가능하지만, 연속적인 시세가 형성되기 위해서는 동반해서 움직일 수 있는 업황 모멘텀을 가진 섹터

내 종목들이 중심이 되어야 한다.

2020년 7월 코로나 위기감이 어느 정도 진정되고, 3분기 들어 기업 실적이 기저 효과 등을 포함해 좋아지기 시작했다. 당시 기업의 실적 호전을 눈여겨보았다면 투자의 우선순위가 무엇인지 알아챌 수 있었을 것이다.

홍성학의 장중일기

하반기는 '실적 회복'이라는 본질적 측면이 중요

시장 전체적으로는 매기의 이동이 확연하게 나타나고 있다. 상반기에 코로나라는 이슈가 시장을 지배했다면, 하반기는 '실적 회복'이라는 주식의 본질적인 측면이 중요해지는 상황이 된다.

따라서 본질적인 기업과 업황이 중요하다. 현재 돈에 의해 레벨 업 된 주가의 당위성을 '실적이 뒷받침해주느냐'가 중요한 관건이다. 가시화된 실적이 밸류에이션을 정당화해주기 때문이다.

현재 새롭게 시작되고 있는 화장품, 게임, 미디어 쪽은 아무래도 중국의 영향이 크게 작용한다. 중국 시장의 흐름이 상당히 견조하다는 사실을 감안한다면, 가격적 매력이 있는 상황에서 모멘텀이 강화된다는 측면에서는 접근이 용이하다고 볼 수 있다.

단기적으로 강한 시세 전환을 이룬 통신장비 네트워크 종목과 2차전지를 비롯한 수소차 관련주, 그리고 반도체 쪽 종목들과 인터넷, 게임, 미디어, 화장품 쪽에 대한 시세는 적절히 쉬어가는 과정을 거치면서 꾸준한 상승세가 이어질 가능성이 상당히 높다고 할 수 있다.

:: 2020년 7월 6일 오전 시황

성장 스토리가 주가 상승을 이끈다

성장 스토리가 주가의 상승을 이끌어간다. 코로나로 인해 오히려 성장 스토리가 더욱 탄탄해지고 있는 기업들은 시장에서 상대적 우선순위 투자 대상이 될 것이다.

따라서 지금 수준에서도 여전히 비싼 종목과 싼 종목들이 공존한다. 단순히 시장에서 형성된 과거의 주가 대비 현재의 주가가 '비싸냐, 싸냐'의 논리로 접근하는 것이 아닌, 지금보다 앞으로 '어떤 주식이 더 비싼 가격으로 평가받을 수 있는가'에 대한 시각으로 접근해야 한다.

:: 2020년 7월 8일 오전 시황

에필로그

어느 주식쟁이의 인생 이야기

부상으로
시련을 겪다

● 　　어느덧 주식시장에 발을 들여놓은 지 31년이 흘렀다. 1989년 12월 12일 대우증권에 입사해 1990년 5월 첫 매매를 시작한 것이 바로 어제 일 같다. 필자는 초등학교 4학년 때 탁구를 시작했다. 아버님이 일찍 돌아가셔서 집안이 어려웠다. 체육 선생님이 매일 아이스바를 준다는 말에 탁구팀에 들어가 운동선수가 됐다. 1988년 대우증권 실업팀에서 선수 생활을 하고, 국가대표 상비군이 되기까지 10년을 탁구만 치고 살았다. 그러던 내가 주식쟁이로 32년째 살고 있다.

　탁구단 동기 1년 선배가 유남규 선수이고, 동기가 김택수다. 두 사람 모두 올림픽 메달리스트다. 동기들의 실력은 우월했다. 강희찬 선수는 중2부터 고1까지 새벽에 앞산에 가서 운동하고 등교할 정도로 노력파였다. 올림픽 동메달을 따기까지 엄청나게 운동했다. 희찬이와 나는 대우증권에 함께 있다가 대한항공으로 옮겼다. 당시 택수가 제일 잘했고, 희찬이는 2인자였다.

나는 평발이다. 선수 생활을 계속하다 보니 결국 복숭아뼈가 갈라져 버렸다. 무릎도 계속 아팠다. 평발이라 아픈지도 모르고 무리하게 운동하다 보니 잦은 부상에 시달렸다. 중학교 때 이미 무릎이 접히지 않을 정도였는데, 다리가 너무 아프다고 하면 선생님은 꾀병 부린다며 꾸짖었다. 너무 아팠지만 안 아프다고 거짓말도 많이 했다.

나중에 큰 시합을 마친 뒤 허벅지까지 깁스를 하고 석 달 동안 누워 있었던 일도 있다. 그러다 몸무게가 18킬로그램이나 늘어 깁스를 풀고 학교에 갔더니 아무도 나를 알아보지 못했다.

깁스를 풀자마자 재활 개념도 없이 바로 다시 운동을 했다. 한 달 만에 살은 빠졌는데 결국 고1 때 무릎 연골을 다 잘라냈다. 대우증권 실업팀에 가서도 운동을 좀 하면 무릎이 무척 아팠다. 그래도 열심히 했고 재밌게 했다.

탁구 선수 홍성학, 증권사 입사하다

● 　실업 2년차 때인 1989년, 제주도에서 열린 실업단 대회에서 우승했다. 그 후 감독님이 모이라 해서 갔더니 7명의 이름을 부르며 "짐 싸서 집에 가라. 쉬다 보면 연락 갈 거다"라고 말씀하셨다. 대우증권 탁구단에서 퇴출된 것이다.

집에서 쉰 지 세 달 만에 대우증권 인사부에서 연락이 왔다. 11월 말에서 12월 초에 신입사원 연수가 있으니 그때 나오라는 것이다. "안 가면 어떻게 되나요"라고 물었더니 "그럼 퇴사하시면 됩니다"라는 답이 돌아왔다.

대우증권 탁구선수단 창단 멤버인 내가, 탁구단에서 방출되어 같은 동기 6명과 함께 증권회사 일반 직원으로 입사하게 된 것이다. 주식에 대해서는 신입사원 연수 때 배운 게 전부였다. 금융 지식이 전무한 상태에서 대우증권 올림픽지점에 발령이 났다.

연수 마지막날 희망 부서를 써 내라고 했는데, 숙소가 올림픽 훼미리아파트여서 올림픽지점을 간다고 지원했다. 그런데 알고 보니 올림픽지점은 대우증권에서 전국 꼴찌라 다들 기피하는 곳이었다. 올림픽지점에 가보니 저녁에 다들 모여서 탁구를 쳤다. 내가 탁구선수였으니까 처음에는 '볼 잘 치는 애 왔다'고 꽤 환영받았다.

지점 배치 후, 탁구단 동기들은 퇴근하면 모여서 술 마시고 놀았는데 나는 처음에 몇 번 나가다가 발을 끊었다. 직원들이 퇴근하고 나면 그때부터 내 공부를 밤 10시까지 했다. 증권사 리포트를 다 읽어보고, 주식도 보고, 책도 읽었다. 평일도 주말도 6개월을 그렇게 하니까 지점장님이 저녁밥을 시켜 주셨다.

그때부터 컴퓨터를 사서 문서 작업을 하면서 사무실에서 파일을 정리하고 라벨 붙이는 작업을 했다. 나중에는 사무실 사람들이 다 서류 작업을 부탁한다고 나에게 왔다. 이렇게 점점 사무실에서 필요한 인력이 되어갔다.

20대 주린이,
증권사 1등이 되다

●   동기 한 명과 함께 올림픽지점에 발령이 났는데, 내 동기에게는 업

무를 줬지만, 나한테는 업무를 주지 않았다. 나는 그냥 서무 보조였다.

"홍성학 씨!"라고 부르면 문방구 다녀오고, 물통 비우고, 형광등 갈고, 전광판 고장 나면 전화해서 고쳐야 했다. 그때 같은 지점에 있던 선배가 대우증권 사장을 지낸 홍성국 더불어민주당 국회의원이다. 그때 홍 선배가 한 말이 아직도 생생하다.

"원래 이건 누가 해야 되는 일은 아닌데 네가 해라. 지점장부터 너를 억수로 싫어한다. 니가 낙하산 아니냐. 네가 아무런 도움이 안 되니까. 너는 사람들이 네가 없으면 불편하게 만들어라. 보이든 말든 힘든 거, 아무도 안 하는 건 네가 다 해라."

홍 선배 말대로 궂은 일을 도맡아 하다 보니 전광판에 문제가 생기면 나만 고칠 수 있게 됐다. 전광판 고장 나면 여지없이 "홍성학 씨!"라고 이름이 불렸다.

그때는 지점의 막내가 서울 여의도의 대우증권 본사에 매일 가야 했다. 대우증권 자료실에서 자료가 엄청 왔다. 홍 선배가 "2부씩 갖고 와서, 1부는 지점에 두고 1부는 네가 읽어라"라고 말했다.

자료에 한자가 너무 많아서 읽어도 이해가 안 갔다. 그래서 홍 선배에게 이해가 안 간다고 했더니 "건방지게 이해를 하려고 하냐? 무조건 읽어라"라고 핀잔만 들었다. 그냥 6개월 읽으니까 무슨 말인지 조금씩 이해가 갔다.

그때쯤 지점 형들이 다 나를 좋아했다. 심부름 다 하고, 술자리에서 말도 안 하고 얌전히 있으니 겸손하다고 했다. 그중에 차트를 잘 보는 형이 있어서 그 형에게 차트를 배웠다. 성국이 형은 "저 사람은 뭐를 잘하고 저 사람은 뭘 잘하니까 네가 가서 그 사람들이 잘하는 걸 가르쳐달라고 해서 배워라"라고 말해줬다. 그렇게 배웠다.

차트 보는 형에게 차트를 배웠고, 작전하는 이에게 매매 방법을 배웠다. 비록 올림픽지점이 전국 꼴찌였지만, 올림픽 아파트에 부자들이 많이 살기 때문에 올림픽지점을 전략 지점으로 만들기 위해 대우증권에서 난다 긴다 하는 선수들이 다 우리 지점에 와 있었다.

모두들 나를 좋아해줘서 분야별 최고에게 배울 수 있었다. 그렇게 차트 정보를 받아 배웠다. 어느 날 차트 형이 피엔에프(Point&Figure) 차트를 그려 보라고 했다. 만들어 보니까 의외로 잘 맞았다. 지수가 몇 포인트 될 거 같은지 해보니까 대충 맞았다. 그게 너무 신기하고 잘 맞길래 로터스에 30년치 증권 지수 정보를 다 입력하고 모눈종이에 종목별 일봉 차트를 그려봤다. 성국이 형은 하루에 50개는 그려야 한다고 했다.

로터스로 데이터를 가공하는 방법을 알게 되었고, 어느 날 보니 내가 지점에서 1등을 하고 있었다. 입사 1년 동안 배우고 1년 후에 영업을 시작했는데, 그때 IT 종목 주가가 하루도 빠지지 않고 올라가던 시절이었다.

나는 매일같이 IT 종목들을 샀다. 다른 직원들은 비싸다고 안 사고, 은행·증권·건설주만 살 때였다. 그런데 나만 돈을 벌었다.

그 즈음 성국이 형이 본사로 갔다. 고맙게도 본사에 갈 때마다 자료를 챙겨줬다. 자료에서 맨날 하는 얘기라서 계속 샀더니 계속 수익이 났다.

나에게 차트 가르쳐준 형이 10억 원씩 매매했는데, 나는 50억 원을 했다. 나중에 내 자리 앞에 아줌마들이 아침부터 줄을 섰다.

그때부터 지점장이 파티션 하나 더 쳐주고 여직원도 하나 붙여줬다. 손님 커피 타주라고 보조직원을 붙여준 것이다.

그때도 여전히 전광판은 내가 고쳤다. 당시 야간 대학도 다니던 때라 오후 3시가 넘으면 학교에 가야 했다. 수업은 안 들어도 시험은 보러 갔다.

지점별로 각자 목표 점유율이 있었는데 목표 점유율 대비 달성률 1등, 절대 예수금 1등을 하면 금반지를 줬다. 나는 매달 금반지 2개씩을 받았다. 그게 입사 1년 반 지나면서 벌어진 일이다.

얼마 후 나는 방위병으로 군대에 갔다. 방위병 생활을 하는 동안 책을 엄청 많이 읽고 매매 기법을 다시 가다듬었다. 1년 6개월 동안 방 뺀 돈 400만 원으로 주식투자를 해서 차(르망)도 뽑고 먹을 거 다 사먹고도 2,000만 원이 남을 정도였다. 회사 다닐 때보다 방위병 때 더 벌었다.

6개월 지나 마음에 안 들면 저 자르세요

● 나는 군대 가기 전에 워렌 버핏을 처음 알았다. 그때 버크셔 해서웨이 한 주가 800만 원 할 때였다. 지금은 한 주에 4억 5천만 원이다.

그때부터 투자의 고수들 책을 읽었다. 사회과학 책도 500권 넘게 읽었다. 부대에서 퇴근하면 매일 시립 도서관에 갔다. 야간 근무할 때라 아침에 퇴근하면 도서관에 가서 책 보고, 저녁에 잠깐 친구들과 놀았다. 분야를 가리지 않고 책을 보았다.

그러면서 가치투자, 밸류에이션 등에 대해 알게 됐다. 복직하면 '삼화왕관과 금비라는 회사에 투자해야지'라고 생각했다. 그리고 이 두 개의 주식을 사 모으기 시작했다.

제대하고 올림픽지점에 복귀해 일을 하는데, 지점장이 "약정을 잘 한다고 해서 데려왔더니 왜 매매를 자주 하지 않느냐"고 화를 냈다. 본사에 있는 성국이 형에게 하소연했더니 서초지점으로 가라고 했다. 뱅뱅사거리로 이전하는 지점이었다.

성국이 형이 서초지점장에게 전화해서 바로 보내줬다. 그때부터 나는 성국이 형이 나중에 대우증권 사장할 사람이라고 말했다. 노트북 하나 들고 서초지점에 갔더니, 나는 이미 유명인사였다. 사보에도 실리고 한국경제신문에 기사도 나서 지점장은 잔뜩 기대하는 눈치였다. 차장부터는 기대와 함께 견제하는 눈빛이었다.

당시 나는 스물여섯 새파란 나이의 평사원이었다. 서초지점은 '저PER 혁명의 대명사'라고 나를 홍보해줬다. 나는 지점장에게 부탁이 있다고 했다. 6개월 동안 나한테 아무것도 시키지 말고 나 하는 대로 내버려 두라는 것이었다. 나는 "6개월 지나 마음에 안 들면 나 자르세요"라고 선언했다.

가는 지점마다
고객들 줄 서다

●   예전에는 고객들 휴면계좌 장부를 다 볼 수 있었다. 여직원에게 휴면 계좌를 달라고 해서 노트북에 정리했다.

그리고는 휴면계좌 고객들에게 '고객님 계좌에 이런 종목이 있는데 이렇게 바꾸면 좋겠다'라는 내용의 우편(디엠)을 보냈다. 이렇게 해서 답신이 오는 사람들 계좌로 다른 주식을 샀는데 3~4배가 올랐다.

사람들이 다 나한테 몰려왔다. 당시는 증권사 지점에서 고참 사원이 아래 직원 모아서 빠따를 치던 시절이었다. 나는 늘 열외였다. 선배들 모두 나를 어렵게 대했다. 강남에서 1등, 대우증권에서 1등이었다.

선배 차장은 내가 손님하고 상담하고 있으면 옆에 와서 "이 친구 참 잘하죠? 원래 탁구선수예요"라고 입버릇처럼 말했다. 대우증권에 있는 한 탁구선수 꼬리표를 못 뗄 것 같았다. 그러다 한화증권으로 옮겼다. 그때는 스카우트 제의가 많이 오던 시절이었다.

한화증권 분당지점에 있는 지인이 밥 먹으러 오라 해서 갔더니, 대리 4년차에 대출도 해준다기에 직장을 옮겼다. 그런데 이직을 하니 고객이 아무도 오지 않았다. 지점장이 맨날 포커만 치다 일 년 지나 잘리는 일까지 있었다.

그렇게 놀다 보니 집은 일산인데 천안으로 발령이 났다. 그런데 새로 온 지점장이 부르더니 내 얘기를 많이 들었다며 "지방에 갈래? 아니면 나랑 잘해볼래?"라고 했다. 그때부터 밖으로 영업을 다니기 시작했다.

지점장이 반, 내가 반 손님을 끌어와, 한화증권 분당지점이 전국 일등이 됐다. 그때 외환위기가 터졌다. 당시 지점장이 김상수 씨다. 지금 영화 투자자로 크레딧에 항상 이름을 올리는 그분이다.

증권사 사표를
끝까지 반대한 성국이 형

●   성국이 형은 내가 대우증권을 그만둘 때 사표 수리를 끝까지 반대했다. 내가 기어코 나가니까 맘이 상했는지 연락하지 말자고 해서 한동안은

연락도 못 했다. 몇 년 후에 다시 만났지만 말이다. 결국 내 말대로 성국이 형은 대우증권 사장이 됐다.

성국이 형이 기자들과 친해서 내 기사도 내줬다. 형은 "그때 지점에서 포커 안 치는 사람 너하고 나밖에 없다"며 내가 열심히 하는 걸 예쁘게 봐줬다. 성국이 형은 늘 "너는 백지니까 낫다. 나머지 애들은 다 썩었다"라고 말하기도 했다.

내가 지점 1등, 약정 1등 할 때 성국이 형이 정말 좋아했다. "네가 지금 50억 약정하는데 70억으로 늘려라. 네가 100억 약정하면 대한민국을 씹어먹을 거다"라고 했는데 나는 그 후 퇴사하고 말았다.

만약 내가 증권사에 계속 있었으면 안주했을 것이다. 그냥 똑같은 월급쟁이로 살았을 것 같다. 나하고 탁구 치던 6명 동기들은 얼마 안 있어 다 퇴사했고 지금은 탁구장을 하고 있다.

당신이 주식으로 행복해졌으면 좋겠다

● 증권회사를 그만두고 네 명이 자본금 10억 원을 모아 회사를 차렸다. 리눅스라는 벤처 회사에 1억 원을 투자했는데 그게 100억이 됐다. 그런데 네 명 중 하나가 그 돈을 다 없애버리고 회사는 해체됐다.

나는 다시 증권회사로 돌아갈 수 없었다. 창피했다. 나 혼자 회사를 세우고 여직원 하나 데리고 다시 매매를 해서 100억 원을 벌었다. 하지만 옛 인연으로 만났던 이들에게 사기를 당해서 그 돈도 다 날리고 이혼도 했다.

아무것도 기댈 것이 없어 괴로워하다가 내가 그동안 어떻게 매매를 해왔는지 복기하기 시작했다. 처음부터, 재무제표부터 다시 공부했다. 내가 했던 매매를 복기하면서 실패했던 부분을 연구하다가 울티마 시스템을 만들게 됐다. 그 후로 지금까지 추세 추종 매매 방식(UPM)을 계속해오고 있다.

뜻하지 않았지만 긴 세월 한 우물을 팠다. 누가 뭐래도 주식은 내가 가장 잘 하는 일이고, 내게 보람과 즐거움을 주는 원천이다. 많은 사람들이 주식을 하면서 천국과 지옥을 맛본다고 한다. 하지만 솔직히 말해 1%의 천국과 99%의 지옥이 아닐까. 나 역시 그 지옥을 맛보았고 그것의 실체를 직시하게 되었다. 욕심과 조바심은 이성을 마비시켜 불합리한 판단을 하게 하고, 심지어 영혼까지 피폐하게 만드는 법이다.

내가 터득한 매매 기법은 평화롭다. 애초에 인간의 영역이 아닌 '예측'을 하겠다는 욕심을 버리면 시장에 고문당할 필요도 없고 주가의 덧없는 오르내림에 일희일비할 이유도 없다. 지난밤도 잠 못 이룬 당신이 나의 투자 방법에서 힌트를 얻어 조금이나마 편안해졌으면 좋겠다.

대한민국의 개인투자자 모두 행복해지는 그날까지 홍성학의 도전도 계속될 것이다.